STUDIEN UND VERSUCHE

Eine anthroposophische Schriftenreihe

13

ERNST MARTI

DIE VIER ÄTHER

Zu Rudolf Steiners Ätherlehre
Elemente – Äther – Bildekräfte

VERLAG FREIES GEISTESLEBEN

2. Auflage 1977

Gesamtherstellung Greiserdruck Rastatt
ISBN 3 7725 0043 9

Inhalt

Vorwort

Die nachfolgenden zwei Aufsätze sind 1960 und 1966 in den «Beiträgen zu einer Erweiterung der Heilkunst nach geisteswissenschaftlichen Gesichtspunkten» (Stuttgart, 13. und 19. Jahrgang) erschienen. Da immer wieder nach ihnen gefragt wird, erscheinen sie jetzt in einer erweiterten Form. Hinzugefügt ist ein Abschnitt aus einer entstehenden Arbeit über das Ätherische. In diesen drei Aufsätzen liegt nun eine umfassende Darstellung der vier Äther vor, wie sie auf der Grundlage der Angaben Rudolf Steiners gegeben werden kann. Sie betreffen eine Grundfrage der anthroposophischen Natur- und Welterkenntnis, die in besonderer Weise gestellt wurde durch das Werk von *Guenther Wachsmuth* «Die ätherischen Bildekräfte in Kosmos, Erde und Mensch», das 1924 erschien[1]. Darin scheint das Problem gelöst, indem die Äther als Bildekräfte dargestellt werden. Eigentlich aber wurde die Frage, ob Äther und Bildekräfte einerlei oder zweierlei seien, gar nicht untersucht. Wachsmuths Auffassung der Äther als Bildekräfte wurde dann zur Grundlage aller anthroposophischer Arbeiten zur Natur- und Menschenerkenntnis nach Rudolf Steiners Tod (1925) bis heute.

Rudolf Steiner hat das Lebensprinzip in Pflanze, Tier, Mensch den Äther- oder Lebensleib genannt und als solchen dargestellt. Später hat er die Bezeichnung Bildekräfteleib hinzugefügt. Diese drei Ausdrücke beziehen sich auf das gleiche Objekt, aber betreffen jeweils einen verschiedenen Inhalt und Zusammenhang desselben, so wie man von einem Haus auch sagen kann: Es ist aus Stein oder Holz, es hat diese

[1] Guenther Wachsmuth, Die ätherischen Bildekräfte in Kosmos, Erde und Mensch. Ein Weg zur Erforschung des Lebendigen. 1. Band, Stuttgart 1924, 2. Auflage, Dornach 1926. 2. Band: Die ätherische Welt in Wissenschaft, Kunst und Religion. Vom Weg des Menschen zur Beherrschung der Bildekräfte. Dornach 1927.

oder jene Räume, es ist ein Geschäfts- oder Wohnhaus. Es ist das gleiche Haus, aber man faßt ins Auge entweder seine Stofflichkeit, seine räumliche Gliederung oder seinen Zweck. So betrifft der Ausdruck «Ätherleib» mehr die Substantialität des Lebensleibes, «Lebensleib» die Leben-schaffenden Tätigkeiten, «Bildekräfteleib» mehr die gestaltenden Kräfte. Durch jede dieser Bezeichnungen des nämlichen Objektes «Ätherleib» wird er in einem anderen Zusammenhang mit den übrigen Welttatsachen betrachtet.

Die Darstellungen Wachsmuths wurden bisher nie kritisch geprüft. Als mein erster Aufsatz «Über die notwendige Unterscheidung der ätherischen Bildekräfte von den Ätherarten» erschien, schrieb Wachsmuth eine Erwiderung dazu[2], die aber kein sachliches Argument enthält weder für die Richtigkeit seiner noch für die Unrichtigkeit meiner Auffassung. Durch die unkritische Übernahme der Wachsmuthschen Darstellung ist sein Irrtum in einen Großteil der anthroposophischen Sekundärliteratur übergegangen.

Rudolf Steiner hat keine systematische Darstellung der Äther und der Bildekräfte gegeben. Seine Angaben darüber finden sich in seinen Büchern und Schriften in einer kaum überschaubaren Fülle. Er hat jeweils den einen oder anderen Aspekt dargestellt, wie er sich aus dem jeweiligen Zusammenhang heraus ergab in den allgemeinen anthroposophischen Themen, in den medizinischen, pädagogischen, landwirtschaftlichen, naturwissenschaftlichen Zusammenhängen. Es ist nicht die Absicht dieser Aufsätze, diese Angaben zusammenzufügen und ihre Bezüge darzulegen, sondern es wird versucht, aus den Grundangaben Rudolf Steiners – dem Namen der Äther, ihrer Reihenfolge in der kosmischen Entwicklung und aus der Gegensätzlichkeit von Elementen und Äthern – die Idee dieser Entitäten zu entwickeln. Wenn das gelingt, bekommt man die Grundlage, die vielfältigen Angaben Rudolf Steiners zu verstehen und sie als jeweils besondere Erscheinungen oder Charakterisierungen der Idee zu begreifen.

[2] Guenther Wachsmuth, «Zur Richtigstellung», Heft 2. März/April 1960 der «Beiträge zu einer Erweiterung der Heilkunst nach geisteswissenschaftlichen Gesichtspunkten».

Im Ätherleib sind die Äther zu einer Einheit und Ganzheit verbunden, sie wirken organisch. Außerdem hat jeder Äther auch als einzelner eine Aktivität, er wirkt dann anorganisch, physikalisch. Man kann die verschiedenen Aspekte der Äther und ätherischen Bildekräfte gesamthaft als «das Ätherische» bezeichnen, so wie man die physischen Tatsachen als «das Physische» zusammenfaßt. Die Darstellung des Ätherischen ist eine zeitnotwendige Aufgabe. Sie muß aber aus den Angaben Rudolf Steiners heraus erfolgen.

Basel, Ostern 1974 *Dr. med. Ernst Marti*

I

Über die notwendige Unterscheidung der ätherischen Bildekräfte von den Ätherarten

Die moderne Wissenschaft kennt die vier Elemente Feuer, Luft, Wasser, Erde nicht. Die Aggregatzustände fest, flüssig, gasförmig sind keine Elemente. Die griechische Naturerkenntnis ruhte auf dem Verständnis der vier Elemente. Gleichsam als fünftes kam der Äther hinzu, von dem Aristoteles sagt: «Er ist das, was etwas anderes ist als Erde, Wasser, Luft und Feuer, und ewig ist und ewig umläuft» (de coelo).

Diese elementenkundige Naturerkenntnis ging mit der beginnenden Neuzeit zu Ende. Als das blaue Himmelszelt nicht mehr die Grenze der Welt war, die wie eine ätherische Haut das Weltall zu einem Ganzen, zu einem Organismus zusammenfaßte, worin jedes seinen Ort und seine Stelle hatte, und dafür die Erkenntnis auftrat, die die Welt als aus lauter Einzelheiten zusammengesetzt auffaßt, ging auch die Idee der Elemente verloren, die aus dem Ganzen heraus gefaßt wird. Die Welt wurde nun wie eine Art Aggregat vorgestellt. Man könnte mit leichter Abwandlung sagen: «Aggregat ist Summe, Element Resultat der Erfahrung. Jene zu ziehen wird Verstand, dieses zu erfassen Vernunft erfordert» (Goethe, Sprüche in Prosa).

Die Idee des Äthers blieb länger in der Wissenschaft erhalten. Erst in unserem Jahrhundert wurde sie aufgegeben. Wie im Gegenbild drängten dafür andere Welt-Entitäten ins Licht der Wissenschaft und Praxis: die Elektrizität, der Magnetismus und heute die den Atomphänomenen zugrunde liegende Kraft. Rudolf Steiner nannte die drei einmal «verderbte Äther».

Als *Rudolf Steiner* mit der Anthroposophie auch die Grundlagen für eine neue Naturerkenntnis gab, war seine erste Tat, die gar nicht gewichtig genug genommen werden kann, die Neubegründung der Erkenntnis der vier Elemente. Sein ganzes Werk ist durchzogen von immer neuen Hinweisen auf die Natur der Elemente, ihre Zusammenhänge und Entwicklung. Zugleich aber schuf er eine ganz neue Äthererkenntnis. Der einheitliche Äther der Griechen erwies sich ihm als vierfach: als Wärmeäther, als Licht-, Ton- und Lebensäther. Er legte ihre Wesensart, ihre Weltzusammenhänge, ihre Entstehung klar.

Was aber ist Äther? Noch immer ist er das ganz andere als Erde, Wasser, Luft, Feuer, aber noch mit ihnen gesetzmäßig verbunden. Rudolf Steiner hat die Entstehung der Elemente und Ätherarten aus der Wärme des Saturns erkannt und dargestellt. Paarweise entstehen sie, auf jeder Erdenstufe ein neues Paar; mit dem Saturn Wärmeäther und Wärme (Feuer); in der alten Sonne Licht und Luft; auf dem alten Mond Tonäther und Wasser; auf der Erde das Erdelement und der Lebensäther. Vier Geschwisterpaare, aus gleichem Ursprung, je ein oberes und ein unteres Geschwister, ein himmlisches und ein irdisches, im Lebendigen sich innig durchdringend und zusammenwirkend, im Leblosen sich sondernd, aber in den Naturdingen doch nie vollständig. Wie die physischen Elemente, so sind die ätherischen jedes wohl charakterisiert und verschieden in bezug auf ihre Beschaffenheit, Verhalten und Wirken. Wenn man sie als Gesamtheit einander gegenüberstellt, sind die Äther das Obere, das Leichte, das Umfassende, die physischen Elemente das Untere, das Schwere, das Einzelhafte. Die Elemente haben gleichsam ihren Grund, von dem sie ausgehen, in der Mitte, die Äther im Umkreis, die einen sind zentrisch, die anderen peripherisch, jene punktuell, einzelhaft, diese ganzheitlich, allhaft. In mathematischer Weise ausgedrückt kann man sagen, sie verhalten sich zueinander wie plus und minus, positiv und negativ.

In ihrer Gesamtheit bilden sie in Einheit den Welten- und den Menschenleib. Der Leib des Menschen ist physisch-ätherisch, man kann von einem physischen und einem Ätherleib sprechen. Nun suche man einmal die Elemente im physischen Leib! Es macht zunächst keine Schwierigkeit, z. B. Knochen und Zähne der Erde, Blut, Lymphe, Liquor dem Wasser zuzuordnen. Denn das Feste, Kristallhafte ist Ausprägung des Erdelements, wie das Flüssige Erscheinung des «Wassers» ist. (In Anführungzeichen sollen weiterhin die Elemente stehen.)

Aber da wird einem etwas Überraschendes klar: Blut, Lymphe und Liquor sind jedes «Wasser». Aber auch Regenwasser, Milch, Benzin sind «Wasser». Jedes von diesen ist aber ein Bestimmtes, Unterschiedliches. Was aber ist «Wasser» an sich, ohne daß es im Kleide eines bestimmten Stoffes erscheint? Das ist im Umkreis der sinnenfälligen Welt nicht zu finden. «Wasser» an sich, nackt, ohne eine jeweils charakteristische unterscheidbare, spezifizierende oder individualisierende Bestimmung gibt es nicht. Das gleiche gilt für die anderen Elemente. Elemente sind nirgends als reine Prinzipien auffindbar. Sie durchziehen alles Physische, liegen allem zugrunde, ermöglichen es, sind sein Dasein, aber nicht sein So-sein. Es muß noch etwas hinzukommen, um die Wirklichkeit in ihrer Bestimmtheit zu schaffen. Die physische Welt, auch der Leib des Menschen, tritt uns in unterschiedlicher Stofflichkeit entgegen. Die «Erde» an sich vermag nicht Gold, Quarz, Zahn- oder Knochensubstanz hervorzubringen; ebensowenig die «Luft» Sauerstoff, Kohlensäure, Rosenduft. Es muß etwas hinzukommen, das aus den Elementen die einzelnen, bestimmten Stoffe herausschafft, hervorbringt. Was ist das?

Rudolf Steiner hat auch für diese Frage die Lösung gebracht. Er hat gezeigt, daß die Sterne die Ur-Heber der einzelnen *Stoffe* sind. Sternenkräfte schaffen aus den zunächst unbestimmten Möglichkeiten der Elemente die einzelnen Substanzen. Rudolf Steiner hat das ausführlich für die Planeten dargelegt: Mars ist der Urheber des Eisens, Saturn des Bleis, die Sonne vom Gold usw.[3]. Die Sternenkräfte können auch verbunden wirken: Antimon ist durch das Zusammenwirken der untersonnigen Planeten entstanden. Aber auch die Tierkreisbilder wirken substanzbildend: Die Widderkräfte schaffen den Kiesel, der Stier den Stickstoff. Für den Tierkreis sind die Angaben Rudolf Steiners nicht umfangreich, und es liegt da noch ein weites Feld für die anthroposophische Forschung vor. Die Richtung ist gewiesen: Stoffe sind in den Elementen festgehalten, verdichtete Sternenwirkungen.

[3] L. Kolisko hat die Zusammenhänge zwischen Planeten und Metallen durch Jahrzehnte nachgeprüft und bestätigt. Siehe ihre Arbeit, «Sternenwirken in Erdenstoffen», Stroud 1952.

Wenn man den Leib des Menschen, aber auch einen Rosenstock oder ein Reh betrachtet, so finden wir nicht nur unterschiedliche Stoffe, sondern auch eine Fülle verschiedener Formen und Gestaltungen: die individuelle Menschengestalt, Ohren- und Nasenform, Fuß- und Hufform, Blatt- und Blütenform usw. Woher stammen diese *Formen?* Aus den Elementen? Aus den Stoffen? Die Elemente, die die Möglichkeit zur Substanzwerdung sind, haben selber keine Formkraft. Man könnte höchstens die Würfel- oder Mondenform als Ausdruck des Erd- und Wasserelementes auffassen; doch sind diese Formen mehr ein Symbol dieses Elementenwirkens. Was die Formkraft der einzelnen Stoffe betrifft, so gibt darüber die Chemie, Physik, Kristallographie Auskunft. Da wird deutlich, daß den Stoffen unter Umständen gewisse Formen eigen sind, soweit sie kristallisieren. Aber die dabei auftretenden Bildungen sind völlig verschieden von den am Menschenleib, Rosenstock usw. beobachteten. Weder die einzelnen Stoffe noch ihre Kombinationen sind die Urheber der natürlichen Formungen und Bildungen. Wo liegt dann ihr Ursprung?

Ein Hinweis Rudolf Steiners kann hier weiterführen. Er hat die Erscheinungen des Leibes aufgeklärt, indem er gefunden hat, daß der Ätherleib der Architekt und Erbauer des physischen Leibes ist. Was macht der Architekt? Er entwirft die Pläne und bestimmt die Formen des Baues, der von den Arbeitern aus den Baustoffen errichtet wird. Der Ätherleib ist der Gestalter und Erbauer des physischen Leibes, und in ihm müssen wir also den Urheber der Formen und Bildungen suchen. Daß wir mit diesem Gedankengang auf dem rechten Wege sind, wird uns dadurch bestätigt, daß nach Rudolf Steiners Forschungen der Ätherleib zugleich ein Bildekräfteleib ist. Was bedeutet das? Was ist eine *Bildekraft?*

Sind die vier Äther als solche schon die Bewirker der Form, also Bildekräfte? Nein! An sich vermögen sie keine Formen zu schaffen, so wenig wie die physischen Elemente. Was ihnen in den Büchern von Guenther Wachsmuth zugeordnet wird (Würfel-, Mondenform usw.), ist nicht ihre Wirkung. Wenn man alles zusammennimmt, was man von Rudolf Steiner über jeden einzelnen Äther wissen kann, so ergibt sich daraus nirgends das Wesen einer Bildekraft. Er nennt sie selber auch nie Bildekräfte und unterscheidet sehr genau Ätherarten und Bildekräfte. Es muß etwas hinzukommen und die Äther zu Bildekräften machen, wie etwas hinzukommt, daß die vier Elemente konkrete Stoffe werden. Gleich den Elementen sind die Äther bloß die Möglichkeit, die Grundlage zu den Bildekräften. Was aber muß hinzukommen?

Wir müssen dazu einen gleichen Gedankengang für die Äther machen wie für die Erkenntnis von Elementen und Stoffen. Auch wenn wir noch nicht die Wahrnehmungsfähigkeit für die direkte Ätherbeobachtung besitzen, wofür mindestens die imaginative Erkenntnisfähigkeit nötig ist, können wir uns doch gedanklich, begrifflich eine zulängliche und verläßliche Einsicht in diese Verhältnisse verschaffen, wenn wir uns die durchgängige Verknüpfung und Gegenbildlichkeit des Physischen und Ätherischen, der positiven und negativen Welt klarmachen. So wie die Elemente nirgends bloß, sondern nur in einem jeweils bestimmten Stoffkleid erscheinen, ist es auch mit den Äthern. Kein Äther erscheint «nackt». Er ist eingehüllt in eine Bildekraft. Man nehme das zunächst wie eine Hypothese, denke es allseitig durch und vergleiche es mit den Phänomenen der Wirklichkeit.

Wie die Stoffe zusammenhängen mit Sternenkräften, so auch die Bildekräfte. Rudolf Steiner hat die instinktive Anschauung bestätigt, daß die Gestalt des Menschenleibes herausgebildet ist aus den Tierkreiskräften. Der Widder gestaltet Stirn und Haupt, die Zwillinge die paarigen Schultern und Arme, die Fische die Füße, um nur etwas anzudeuten. Die Planeten formen die Innenorgane, die Venus die Nieren, Merkur die Lunge usw. Das alles bewirken die Sternenkräfte nicht direkt im Physischen (dort würden es Stoffe), sondern auf dem Umweg des Ätherleibes. Die Sterne erregen im Ätherischen die Bildekraft, die dann die physisch erscheinende Form hervorbringt. Wie aber bekommen wir Kenntnis und Zugang zu den einzelnen ätherischen Bildekräften?

Um die Antwort richtig vorzubringen, sei auf folgendes hingewiesen: In seinem letzten Pfingstvortrag schildert Rudolf Steiner das blaue Himmelszelt als die Grenze des Weltäthers. Bis zum Firmament reicht die Ätherwelt, das Meer der vier Äther. In ihrem Schoß tragen sie die vier Elemente. An der Grenze des Himmelszeltes erscheinen die Sterne. Durch sie dringen die Kräfte geistiger Wesen in die Erscheinungswelt. Es sind astralische und geistige Kräfte. Wenn die Astralkräfte durch die Sternenorte hereinwirken (oder im Urbeginn hereinwirkten), erregen sie die Äther und schaffen und wirken aus ihnen die Bildekräfte. Die geistigen Kräfte dringen tiefer in die Elemente und zeugen in ihnen die Stoffe. Rudolf Steiner schildert die Gesamtheit dieser Kräfte als das *Weltenwort*, das in und durch die Sterne tönt. Er hat die einzelnen Laute dieses Weltenwortes erforscht und mitgeteilt und hat die Beziehung der Laute der menschlichen Sprache zu den Sternen enthüllt. Die Konsonanten hängen zusammen mit den Tierkreiskräften, das B mit der Jungfrau, das M mit dem Wassermann usw. Die Vokale sind planetenverwandt, das O mit dem Jupiter, das I mit dem Merkur. Ein gleiches hat er für die Tonwelt nachgewiesen. Das alles wird voll erfaßbar und erfahrbar und zum Schlüssel für die Bildekräftewelt durch die *Eurythmie*, deren Schöpfung auch ihm zu danken ist. Die eurythmischen Bewegungen sind Bewegungen des Ätherleibes, sichtbar geworden durch den physischen Leib, der im Eurythmisieren wie hineingeschlüpft in den Ätherleib, ihm ganz folgt. Durch die Eurythmie (in geringerem Maße auch durch die andern Wort- und Tonkünste) ist es heute möglich, die einzelnen Bildekräfte zu erfassen und in der Natur wiederzufinden. Eine künftige Naturwissenschaft wird ohne diese Kenntnis nicht mehr möglich sein. Es werden alle Gestaltungen an der Pflanze: die Blattbildung, Kelch, Blüte, Frucht usw.; alle Formen bei Mensch und Tier: die äußere Gestalt, die Augenbildung, die Haut-, Nierenbildung usw. bis in alle Einzelheiten; die Wassergestalten: Welle, Brandung, Tropfen usw. durchschaubar und anschaubar als Wirkungsweisen und Formen der Bildekräfte. In der Frucht-, Glomerulus-, Augenbildung offenbart sich die B-Kraft; in der Blatt-, See-, Busen-(Mamma-)bildung das M. Das sind Andeutungen, die darauf hinweisen sollen, daß es möglich ist, die einzelnen Bildekräfte zu differenzieren und an ihren Wirkungen zu erkennen.

Man kann nun fragen: Wie viele Bildekräfte gibt es denn? Darauf kann man vorläufig nur annähernd antworten. Die Chemie kennt etwa 90 Grundstoffe, chemische «Elemente» (abgesehen von den Transuranen). Wenn man alle Grundbewegungen der Laut- und Toneurythmie zusammennimmt, ergibt sich eine ungefähr gleiche Zahl[4].

Aus diesen Gedankengängen ergibt sich, daß Stoffe und Bildekräfte sterngeboren sind, die einen als physische, die anderen als ätherische. Was wir so gedanklich trennen, tritt uns in der Wirklichkeit vereint entgegen, z. B. im Menschenleib, in der Rose. Die Naturdinge tragen *Form* und *Stoff* in Einheit an sich, sie sind gestalteter Stoff. Die ätherische Bildekraft ist wie heruntergestiegen ins Sinnenfällige und bewirkt da die Form. Was in ihrem eigenen Bereich reine Kraft und Bewegung ist, wird hier zur ruhenden Form. Die Form eines Rehes, eines Schneckenhauses ist zu Ruhe gekommenene Bildekraft.

ätherisch:	Bildekraft	↓
physisch:	Form	

Gibt es nun auch etwas Entsprechendes für den Stoff: daß er aufsteigt in die Region der Kräfte, des Umkreises? Ja! Er ist selbst eine Verdichtung aus Sternenhöhen und kann sich wieder ihnen entgegenheben. Dann wird er zum *Prozeß*. Rudolf Steiner schildert: das mir vorliegende metallische Gold ist zur Ruhe gekommener Goldprozeß. Der Goldprozeß erfüllt das Weltall bis zum Himmelszelt. Aber auch die Leber als physisches Organ ist zur Ruhe gekommener Leberprozeß. Der Leberprozeß durchzieht den ganzen Organismus, ja sogar das Weltall. So muß jede Substanz erkannt werden als ruhender Prozeß.

ätherisch:	Prozeß	↑
physisch:	Stoff	

[4] Die Eurythmie ist eine Offenbarung des Bildekräfteleibes. In ihren Bewegungen, Gesten, Stellungen macht sie den ganzen Umkreis der Bildekräfte sichtbar.

In der Natur kommen Stoff und Form nur geeint vor. So muß ich schreiben:

ätherisch:	Bildekraft:	Prozeß
physisch:	Form:	Stoff

Damit ergreife ich eine wahre Totalität. Dasjenige, was die Vierheit zu einer jeweils bestimmten Einheit zusammenfaßt, ist das, was im eigentlichen, kategorialen Sinne Substanz genannt werden kann, z. B. Gold, Arnika.

Hat eine solche Betrachtung auch eine praktische Bedeutung? Ja! Die Unterscheidung von Ätherarten und Bildekräften ist eine unbedingte Notwendigkeit, sonst kommt man mit der anthroposophischen Menschen- und Welterkenntnis in die Irre. Das Buch von Guenther Wachsmuth «Die ätherischen Bildekräfte» (Bd. I) handelt nicht von den Bildekräften, sondern von den Ätherarten. Rudolf Steiner hält Ätherarten (oder -kräfte) und Bildekräfte stets klar auseinander. Im ersten Ärztekurs stellt er z. B. dar, wie bestimmte Organe Zentren für einzelne Äther sind. Die Lunge ist das Zentrum für den Lebensäther. Aber die Lungenform wird nicht durch den Lebensäther gebildet, sondern durch eine spezielle Lungenbildekraft, die wieder ein Zusammenwirken mehrerer Bildekräfte ist (zum mindesten einer vokalischen und einer konsonantischen). Man kommt mit diesen Angaben nur zurecht, wenn man Ätherart und Bildekraft unterscheidet. Ebenso ist es an vielen anderen Stellen in den Vorträgen und Kursen Rudolf Steiners.

Es kann einem beim Lesen der medizinischen Kurse auffallen, daß Rudolf Steiner bei der Schilderung der Heilkräfte einer Pflanze fast ausschließlich auf ihre stoffliche Beschaffenheit hinweist, auf die Bitterstoffe, Schleimstoffe, auf bestimmte Salze oder andere chemische Stoffe. Selten macht er einen Hinweis auf die Pflanzenform. Er gibt keine formale Signatur, sondern eine stoffliche. Warum das? Wenn es sich um die Herstellung eines Medikaments handelt, bewegt man sich in der Polarität Stoff – Prozeß. Wenn ich aber jemand mit Heileurythmie behandeln will, tue ich das mit Bildekräften und bewege mich in der Polarität Bildekraft – Form. Die Unterscheidung von

Bildekräften und Äthern wird sich auch für die Landwirtschaft als fruchtbar erweisen; denn die einzelnen landwirtschaftlichen Maßnahmen bewegen sich entweder in der Polarität Stoff – Prozeß oder Bildekraft – Form.

Es darf die Aussage, daß die Elemente nur im Kleide eines Stoffes, die Äther nur in dem einer Bildekraft erscheinen, nicht zu der Meinung führen, eine Erkenntnis und Handhabung der einfachen Elemente oder Äther sei überflüssig oder unmöglich. Die Physik handelt in Wärmelehre, Aero- und Hydrodynamik, Mechanik usw. von ihnen, die Technik, Medizin, Landwirtschaft u. a. handhaben die Elemente. Physik ist die Wissenschaft von den Elementen, hoffentlich auch bald von den Äthern. Chemie ist Kenntnis der Stoffe; Organik als Wissenschaft vom Lebendigen vornehmlich Kenntnis der Bildekräfte und Prozesse. Gestalt ist die Bezeichnung für das Gesamtergebnis, die Gesamterscheinung im Zusammenwirken der vier Wirklichkeitsgründe.

Keines der vier Prinzipien Bildekraft, Form, Prozeß, Stoff kommt in der Natur isoliert vor. Prozeß und Bildekraft hängen zusammen, wie im Sinnenfälligen Form und Stoff. Aber für die Erkenntnis ist es unerläßlich, klar die einzelnen zu erkennen. «Klarheit im einzelnen, Tiefe im ganzen sind die zwei bedeutendsten Erfordernisse der Wirklichkeit» (Rudolf Steiner, Einleitung zu Goethes naturwissenschaftlichen Schriften). So wie es niemand einfällt, von Gold, Kalk, Milch oder Wein zu reden, wenn er von den Elementen Erde und Wasser handeln will und sie damit zu verwechseln, so wenig sollte man Bildekräfte sagen, wenn Ätherarten vorliegen. Aus der Zusammengehörigkeit von Stoff und Prozeß sollte man auch nicht sagen: rhythmische Prozesse. Rudolf Steiner vermeidet diesen Ausdruck und spricht von rhythmischen Vorgängen[5]. (Nur an seltenen Stellen sagt er: rhythmische Prozesse, weil eben die Sprache nicht genügend hergibt, um diese Tatbestände auch durch Worte reinlich zu unterscheiden.)

Wenn ich einen Menschen vor mir habe, ein Rosenblatt oder eine Niere, kann ich sie betrachten vom Gesichtspunkt der Bildekraft, der

[5] Siehe dazu die Darlegungen in dem Aufsatz des Verfassers «Vom Wesen des Potenzierens» in «Potenzierte Heilmittel», Stuttgart 1971.

Formen, der Stoffe und der Prozesse. Jedesmal werde ich etwas anderes an ihnen gewahr. Spricht man von Ätherleib oder Bildekräfteleib, so sind es zwei Anblicke des gleichen. Es gilt eben: «Das Denken muß die Beobachtung naturgemäß leiten» (Rudolf Steiner, Einleitung zu Goethes naturwissenschaftlichen Schriften). Die Vierheit von Bildekraft, Form, Prozeß und Stoff bildet das Fundament einer geisteswissenschaftlichen Natur- und Menschenerkenntnis. Sie selber sind wieder wie vier Elemente, vier Gründe. Sie sind die vier Ur-Tat-Sachen.

II

Über die vier Äther

Goetheanistisch-anthroposophische Naturerkenntnis ruht auf der Grundanschauung von Wesen und Erscheinung. Durch Wahrnehmen und Denken erfahren wir die Wirklichkeit. Die Sinne geben uns in der Wahrnehmung die Erscheinung; das Wesen erfassen wir zunächst als Idee. In uns hat die Idee Bildcharakter, in den Naturdingen ist sie wesenhafte Wirksamkeit. Um die Geistrealität des Wesens zu erfahren, sind die höheren Erkenntnisvermögen der Imagination, Inspiration, Intuition nötig. Das Gewahrwerden der Idee in der Wirklichkeit schafft die Grundlage für die Wissenschaft. Man muß sich über die Rolle der Idee in der Wissenschaft klar sein.

Man betrachte daraufhin die vier Elemente und die drei Aggregatzustände. Fest, flüssig, gasförmig entstammen der Wahrnehmung; Erde, Wasser, Luft, Feuer sind Ideen, die in der verschiedensten Weise erscheinen. Wasser z. B. als Regen, Blut, Wein, Benzin. Es zeigt die Qualitäten (Wahrnehmungen) feucht, kalt, flüssig usw. Wasser ist eine geistige Entität, die allem Flüssigen, Feuchten usw. zugrunde liegt.

Die vier Elemente, wie sie seit dem Altertum bekannt sind, und die vier Äther, die Rudolf Steiner entdeckt hat, sind geistige Entitäten, deren Geistrealität in der elementarischen Welt durch Imagination erfahren wird. Für das gewöhnliche Gegenstandsbewußtsein gilt es, sie in ihren Offenbarungen in der Sinneswelt aufzusuchen und zu erkennen. Dazu müssen die Phänomene der Natur geordnet werden, wie das Goethe in seiner Farbenlehre in so vorbildlicher Weise für das Licht getan hat.

Die von Goethe als Licht bezeichnete Entität ist identisch mit dem, was Rudolf Steiner den Lichtäther nennt[6]. Außer diesem gibt es nach den Forschungen Rudolf Steiners noch drei weitere Äther: den Wärmeäther, den Klang-, Ton- oder chemischen Äther und den Lebensäther, die den Temperatur-, Ton- bzw. chemischen und Lebensphänomenen zugrunde liegen. Die Namen der Äther weisen auf das Erscheinungsgebiet hin, wo sie zunächst zu finden sind. Sie können einzeln oder zusammen wirken. Als einzelne wirken sie physikalisch, gemeinsam sind sie die Träger des Lebens. Ihre Erscheinungen sind deshalb sowohl im Anorganischen wie im Organischen aufzusuchen.

Rudolf Steiner hat das Auftreten der Äther in der Evolution und ihr gegenseitiges Verhältnis geklärt. Sie entstehen in der Evolution stets gekoppelt mit einem Element, und zwar in der Reihenfolge: Wärmeäther – Feuer, Licht – Luft, Ton – Wasser, Lebensäther – Erde, und zwar so, daß in jeder planetarischen Erdenstufe ein neues Paar hinzutritt, wodurch dann auch diese jeweilige Stufe charakterisiert wird[7]. Der alte Saturn besteht aus Wärme – Feuer. In der alten Sonne kommt hinzu Licht – Luft, im alten Mond Klang – Wasser, auf der Erde Lebensäther und Erdelement. Die jetzige Erdenwelt besteht somit aus vier Äthern und vier Elementen. Die sogenannten untersinnlichen Entitäten Elektrizität, Magnetismus, Kernkraft erfordern zu ihrer Erkenntnis einen besonderen Ausgangspunkt, der später dargestellt werden soll.

Es liegt nun die Aufgabe vor, eine genügende Vorstellung der Elemente und Äther zu erringen, d. h. die Erscheinungen der Welt zu

[6] Licht als rein geistige Entität ist ein noch höheres Prinzip als der Lichtäther.
[7] In diesen Ausführungen werden die Ausdrücke Wasser, Klang usw. stets im Sinne von Wasser-Element, Klang-Äther gebraucht.

studieren und sie in gehöriger Weise als Äußerungen (Erscheinungen) der jeweiligen Idee (Äther, Element) zu erkennen. Rudolf Steiner selber hat die Erscheinungen der Äther nicht weiter geschildert. Es ist aber anhand seiner grundlegenden Angaben möglich, sie im einzelnen zu charakterisieren. Dazu kann man von dem von ihm erforschten Tatbestand ausgehen, daß Elemente und Äther sich als Gegensätze verhalten. Es hat sich nämlich die Wärme des Saturns in zwei gegensätzliche Entwicklungsströmungen entfaltet, in eine, bildlich gesprochen, absteigende zu Luft, Wasser, Erde, und in eine aufsteigende in Licht-, Klang-, Lebensäther, die sich als Ganzes und in jedem Glied als volle Gegensätze erweisen wie positiv und negativ. Man kann diesen Zusammenhang in einem Schema zusammenfassen, wobei man die Elemente willkürlich als positiv bezeichnet:

	Saturn	*Sonne*	*Mond*	*Erde*
—	Wärme/Feuer	Licht-	Klang-	Lebensäther
|		Luft	Wasser	Erde

Ein Großteil der Phänomene der Elemente ist einem durch Schule und Erfahrung bekannt. Man nimmt nun ein bekanntes Phänomen eines Elementes und bildet zunächst in Gedanken die dazu konträre Vorstellung, die man dann als Erscheinung des Äthers in der Wahrnehmungswelt aufsucht. Dazu ist aber nötig, sich zunächst von den heutigen physikalischen Vorstellungen, die jeder in sich trägt, frei zu machen und die Phänomene ganz unbefangen anzuschauen. Man muß auch die verschiedenen Gesichtspunkte, die im folgenden dargestellt werden, zusammennehmen und sich gegenseitig beleuchten lassen, damit ein volles Bild der Äther entsteht.

Man beginne mit dem Gegensatzpaar *Luft – Licht*. Wir sind ständig von Luft und Licht umgeben, leben in ihnen. Wie nehmen wir sie wahr? Die Luft als ausfüllend zwischen den Dingen, das Licht an den Dingen, gerade nicht im freien Raum dazwischen. Das Licht scheidet ein, es legt um jeden Gegenstand eine Licht-Farbengrenze. Die Luft verbindet die Gegenstände z. B. in einem Zimmer, das Licht trennt sie, macht sie unterscheidbar, diese, jene. Wenn wir irgendwo sind, in einem geschlossenen Raum oder im Freien, befinden wir uns immer in einer Licht-Farbensphäre, die uns umgibt als Wände, Himmel usw. Das Licht schafft eine Grenze, eine Umfassung, die uns allseitig lükkenlos einschließt, aus der wir nicht ausbrechen können. Es erzeugt in diesem Innenraum Entfernungen, Raumbedingungen: da, dort, hinten, vorn. Was gemeint ist, erlebt man, wenn man in einem finsteren Zimmer das Licht anzündet. Sofort wird alles sichtbar, das Licht umgrenzt die Gegenstände, macht sie unterscheidbar, zeigt ihren Ort, ihre Größen und Raumverhältnisse und faßt alles mit einer Licht-Farbenperipherie zu einem gemeinsamen Raum zusammen. Wenn die Sonne aufgeht, werden nicht nur die Dinge sichtbar, sondern der Raum wächst. Die flackernde Kerze zeigt, wie der Raum sich weitet und engt. Das gleiche erleben wir durch die Augen, die Lichtorgane sind, wenn wir in die Nähe und Ferne blicken. Das Licht schafft Raum durch Begrenzung, Umfassung. Licht und Raum sind untrennbar, wo Licht, da Raum. Das Licht ist aktiv raumerzeugend; durch das Licht erscheint der Raum. Luft ist in bezug auf den Raum passiv; sie füllt den Raum aus, der ihr zur Verfügung steht. Sie ist Inhalt und schafft keine Grenze. – Diese Darstellung hat die Erkenntnis zur Voraussetzung, daß der Raum nicht ein bereits vorhandenes Gefäß ist, sondern daß er eine Idee ist, die durch die Getrenntheit der Dinge zur Erscheinung kommt[7a]. Die für die Raumerscheinung grundlegende Bedingung und Entität ist das Licht; denn sie schafft die Möglichkeit der Unterscheidbarkeit.

Das verschiedene Verhältnis zum Raum zeigt sich auch in folgendem: Luft ist in sich richtungslos, strukturlos, chaotisch, daher der Ausdruck Gas (aus Chaos). Licht ist strukturiert, gerichtet, strahlig von der Lichtquelle zur Peripherie. Wie von unserem Auge der Sehstrahl

[7a] Der Raum hat die Wissenschaft seit dem Altertum beschäftigt. In seinem Aufsatz «Der Goethesche Raumbegriff» in seinen Einleitungen zu «Goethes naturwissenschaftliche Schriften» (Dornach 1973) hat Rudolf Steiner das Problem des Raumes und der drei Dimensionen endgültig geklärt. Seine Ergebnisse sind die notwendige Grundlage auch für die Erkenntnis des Ätherischen.

ideal gradlinig ausgeht, so ist das Licht durch und durch linienhaft gerade. – Die charakteristischste Eigenschaft der Luft ist ihre Elastizität, sie ist dehn- und komprimierbar. Der Gegensatz zu elastisch ist spröde. Das Licht ist spröde, und dadurch ist es teilbar. Man schlage mit einem Stock in die Luft: sie weicht aus und vereinigt sich hinter ihm wieder. Man stelle den Stock vor eine brennende Kerze: er trennt das Licht, das sich nicht mehr vereinigt, sondern gespalten gradlinig weiterstrahlt.

Eine weitere konstitutive Eigenschaft der Luft ist die Spannung. Es gibt keine Luft ohne einen Grad von Spannung. Spannung ist Innenwirkung, Zusammenhang schaffend und bewahrend. Man kann Luft noch so verdünnen, sie hält doch zusammen. Das gegenteilige Phänomen zeigt das Licht, alles ist gewissermaßen Außenwirkung, Veräußerlichung. Man nehme eine Lichtquelle, eine Kerzenflamme. Nicht was sie zusammenhält, ist wesentlich, sondern was sie von sich loslöst, abgibt, zur Peripherie ausstrahlt. Der Steigerung oder Minderung der Spannung entspricht die größere oder geringere Lichtintensität, das ist ein größerer oder kleinerer Lichtraum. Die Tatsache, daß das Licht den Raum dehnt und weitet, erscheint im Organischen als das Phänomen des Wachstums, der Streckung und Volumenvergrößerung. Die Größe eines Organismus, seine Raumhaftigkeit ist Ausdruck für den in ihm wirkenden Lichtäther.

Mit der Spannung zusammenhängend, gewissermaßen der polare Aspekt dazu, ist der Druck. Er ist Wirkung von außerhalb nach innen. Man betrachte die Lufthülle der Erde. Sie preßt von außen die Erde zusammen. Das Gegenteil zu drücken ist saugen. Es muß also, wenn der Gegensatz zwischen Elementen und Äthern in der angegebenen Weise existiert, das Licht saugend wirken. Tut es das? Ja, man muß nur die zugehörigen Phänomene erkennen. Die Peripherie, der Horizont, ob er nahe oder weit sei, zieht unseren Blick zu sich. Man versuche, bei offenen Augen nicht zu sehen; dann merkt man an der Kraft, die man aufwenden muß, um den Blick leer zu halten, wie das Licht ihn sonst mitnimmt, hinauszieht an die Peripherie, an die Oberfläche der Dinge. Man erklärt heute das Sehen durch das Eindringen der Lichtstrahlen in das Auge; eindringend holen sie aber unser Bewußtsein hinaus in die Peripherie, in den Raum. In ähnlicher Weise zieht das Licht die Kartoffelkeime aus dem dunklen Keller gegen die Helligkeit, läßt es die Blüten sich der Sonne zuwenden und sich ihr nachdrehen. Über diesen speziellen Heliotropismus hinaus zeigt die ganze Pflanzenwelt einen Phototropismus, den man richtig erkennen muß. Es drückt die Luft allseitig zentripetal auf die Erde. Es saugt der Lichtäther allseitig peripheriepetal an der Erde. Im Pflanzenwachstum wird diese Tatsache anschaubar. Die Pflanzen streben allseitig von der Erde weg zur Weltensphäre hin. Man nehme an entgegengesetzten Orten der Erde Tannenbäume und zeichne sie auf: sie zeigen die reale Wirkung peripheriepetaler Kräfte, die, verglichen mit dem Drückenden der Luft, saugende sind. Ihnen liegt nach den Forschungen Rudolf Steiners die Wirksamkeit des Lichtäthers zugrunde. – Spannung und Druck des Luftelementes offenbaren seine Tendenz nach innen, einem Mittelpunkt zu. Strahlen und Saugen, wie auch das Umgrenzen, zeigen die Beziehung des Lichtes zur Peripherie, zur Sphäre. Punkt ist ein konstitutives Prinzip der Luft, Umkreis ebenso eines des Lichtes.

Indem wir die bisherigen Ergebnisse zusammenfassen (es werden noch weitere hinzukommen), können wir sagen: Lichtäther offenbart sich als strahlend, erhellend, saugend, er macht sichtbar, von außen, indem er die Raumesgrenzen der Dinge erscheinen läßt, von innen, indem er als Wachstumskraft die Raumhaltigkeit der Lebewesen bewirkt. Er scheidet außen und innen. Er bringt alles in Beziehung zum Umkreis, den er erzeugt. Für sein Wirken braucht es ein neues, prägnantes Wort: der Lichtäther raumt.

Bei dem Gegensatzpaar *Wasser – Klangäther* kann man davon ausgehen, daß Wasser ein Kontinuum ist, es ist durch und durch stetig. Der Gegensatz zu stetig, der also beim Klangäther vorhanden sein muß, ist diskret, sprunghaft, getrennt. Man beachte z. B. folgendes Phänomen: Beim Regen fallen einzelne Tropfen, die sich zu einer Lache, einem Bach, Fluß, See vereinigen. Im Meer gibt es nicht mehr einzelne Tropfen, sondern nur eine Gesamtheit. Man nehme demgegenüber ein Symphoniekonzert: es besteht aus lauter einzelnen Tönen; die Musik würde verschwinden, wenn die Töne zusammenflössen. Musik ist nur vorhanden durch Intervalle, Abstände, gleichzeitig und nacheinander. Musik beruht auf einer Kraft, die trennt, die auseinanderhält, wobei aber das Getrennte doch miteinander in Beziehung bleibt. Man nehme nochmals das Beispiel von den Regentropfen, die zusammenfließen bis ins Meer: Sie sammeln sich, sie ergeben eine Summe, ein Gesamt. Auf einer Landkarte, wo die Wasserläufe eingezeichnet sind, wird dieses Zueinanderstreben und Ineinanderaufgehen des Wassers besonders anschaubar. Es gibt ein genaues Gegenbild dazu: einen Baum. Aus einem einheitlichen Stamm strebt er auseinander, teilt sich in Äste und Zweige, in Blätter, die als einzelne sich unter Umständen noch weiter differenzieren. Der ganze Baum ist aus dem Saft heraus entstanden, also aus einem Wässerigen. Warum benimmt sich dieses Flüssige genau entgegengesetzt zum gewöhnlichen Wasser? Es ist der Klangäther, der in den Wachstumskräften wirkt, der das Einheitliche spaltet und auseinanderwachsen läßt. Wasser löscht die Vielheit aus, macht daraus nicht eigentlich eine Summe, sondern ein Gesamt, eine Masse. Klangäther entzweit, treibt in die Zahl und in Zahlenverhältnisse; es entstehen Abstände, Brüche, Verdoppelungen, Multiplikationen, Divisionen, man kann zusammenzählen und abzählen. Das Zahlenwesen tritt durch das Wirken des Klangäthers in Erscheinung. Darum nennt ihn Rudolf Steiner auch den Zahlenäther. Zahlen sind urbildlich diskret. – Wenn man einen einzelnen Ton hört, so erscheint er einem zunächst als Einheit, die nichts Diskretes hat. Und doch liegt jedem Ton ein Diskretes zugrunde: die zwei Schwingungsknoten. Das Maß ihres Abstandes ist für den Ton wesentlich und muß gehalten werden, soll der Ton der gleiche bleiben. Knoten, die in einem Maßverhältnis zueinander stehen, sind ein charakteristisches Phänomen der Klangäther-Wirksamkeit.

Obwohl sie ursprünglich aus zwei verschiedenen Wortwurzeln stammen, können die Ausdrücke diskret und konkret als Begriffe für zwei grundlegende, gegensätzliche Phänomene gebraucht werden, die sich wie Zusammen- und Auseinanderwachsen darstellen. Man nehme zwei Tropfen, z. B. Quecksilber, die nahe beieinander liegen. Im Augenblick, da sie sich berühren, vereinigen sie sich, aus zwei wird einer, sie verschmelzen. Das ist ein Urphänomen des Wasserelementes und zugleich eine Grunderscheinung des Lebens. Es vollzieht sich in der Verschmelzung zweier Zellen, wie sie in der Befruchtung erfolgt: concrescere. – Das gegenteilige Phänomen, die Entzweiung und Trennung, tritt durch das Wirken des Klangäthers auf. Im Anorganischen z. B. in der Knotenbildung der Töne oder bei den Chladnischen Klangfiguren; im Organischen, wie schon angeführt, in der Kronenbildung der Bäume, in der Verzweigung der Pflanze als makroskopisch sichtbare Erscheinung der Grundtatsache der Zellteilung. Das Auseinanderwachsen einer sich teilenden Zelle offenbart in schönster Weise das Wirken des Klangäthers. Bei der Zellteilung entstehen als erstes zwei Knoten, die Zentrosomen, von denen der ganze Teilungsvorgang ausgeht und geregelt wird. Wenn man die einzelnen Stadien der Zellteilung, die man z. B. in einer Entwicklungsgeschichte beschrieben finden kann, zeitraffermäßig zusammennimmt, ergibt sich ein Vorgang völlig gleicher Art wie beim Entstehen der Chladnischen Klangfiguren: discrescere. – Es verhalten sich Befruchtung und Zellteilung, die Grundtatsachen alles Organischen, wie Wasserelement und Klangäther. Das Wirken dieses Gegensatzpaares zeigt sich bis ins Seelische hinein als Sympathie und Antipathie. Letztlich urständet auch die Geschlechtertrennung in diesem Seinsbereich. Das ganze Dasein ist eben durchwoben von den Wirkungen des Wassers und des Klanges.

Im Physikalischen werden noch weitere Gegensätzlichkeiten sichtbar. Wasser ist flüssig; es fließt nicht nur äußerlich vom Berg ins Tal, sondern es ist vor allem innerlich und durch und durch flüssig, d. h. ständig in sich gleitend, verschiebend. Demgegenüber zeigt der Klangäther Haltekraft, er bildet Knoten und hält sie fest. – Der Klangäther wirkt nicht nur im Luftbereich als Ton, sondern auch im Wasser, das ja sein Geschwister ist. Rudolf Steiner nennt ihn auch den chemischen Äther, weil er der Träger der chemischen Aktivität ist. Die Stoffe verhalten sich chemisch nach Zahlengesetzen zueinander; ihre chemischen Beziehungen und Kräfte sind Offenbarungen des chemischen Äthers. Eine Lösung von H_2SO_4 ist wie durchklungen von der Zahlengesetzmäßigkeit dieses Stoffes. Die Stoffkomponenten sind im Medium punktuell angeordnet, aber nicht in willkürlichen Punkten, sondern in Knoten, die zueinander in zahlenmäßigen Verhältnissen stehen. Im Röntgenbild eines Kristalls oder in einer plastisch dargestellten Strukturformel wird dieses Verhalten anschaulich. Es zeigt sich darin die angedeutete Haltekraft des chemischen Äthers. Im Kristall sind die Knoten jedoch erstarrt, in der Lösung dagegen flüssig, schwingend.

Klang und Wasser sind jedes in sich in eine aktive und eine passive Seite polarisiert. Beim Ton zeigt sich dies als Gegensatz von Knoten und Schwingung. Das Wesentliche geschieht zwischen den Knoten. Beim Wasser ist es der Gegensatz von wiegen und wellen. Man beachte dazu folgendes: Wenn ein Stein in einen Teich geworfen wird, bilden sich Wellen, die vom Einfallsort weg zum Ufer laufen. Ein Korken, der auf der Wasserfläche schwimmt, tanzt auf und nieder, solange die Wellen laufen. Er zeigt an, daß die Wasserpartikel sich auf und nieder bewegen, während die Wellen horizontal fortlaufen. Wenn die Wellen verebbt sind, sind die Wasserpartikel an ihrem anfänglichen Ort. Das Wesentliche ist hier das Auf- und Abwiegen der Partikel und ihr Bleiben am Ort, während die Welle darüber hinziehend ist; d. h. das Stoffliche beharrt, und die Welle bleibt ihm äußerlich. Doch gehört das Wellenprinzip wesenhaft zur Natur des Wassers. Das zeigt sich z. B. in der Mäanderbildung des strömenden Wassers. Verbunden mit Welle und Schwingung tritt das Prinzip der Wiederholung auf. – In den skizzierten Erscheinungen von Klang und Wasser urständet die Idee der natürlichen Bewegung.

Wasser hat eine weitere wesentliche Eigenschaft: es ist dicht. Demgegenüber muß man sagen: Klangäther ist «locker», er macht locker, er macht Löcher, Lücken. Musik, Chemismus bestehen aus Intervallen, das Wesentliche liegt in den Zwischenräumen. Bildhaft wird das anschaubar im Kristallgitter, das aus lauter Lücken besteht. Das Wasser ist kompakt, hat Masse, der Klangäther ist porös. Mit der Masse hängt zusammen das Gewicht. Wasser ist schwer, es wiegt, es gibt das Maß für das Gewicht. Klangäther ist leicht, macht leicht. Man nehme wieder die H_2SO_4-Lösung. Die Zahlen bedeuten eigentlich Gewichtsverhältnisse der Stoffe, aber in der Lösung verhalten sich die Stoffe wie gewichtslos. Eine solche Lösung ist homogen, d. h. in den oberen Partien der Lösung sind gleich viele Stoffteilchen wie in den unteren: die Schwere hat keinen Einfluß auf den Stoff, sie ist überwunden. Das ist die Wirkung des chemischen Äthers. Bei einem Ton kann man auch nicht fragen: wieviel wiegt er? Das Problem schwer – leicht, also das Gewicht und sein Gegenteil, die Leichte, gehört dem Bereich von Wasser und Klang an und nicht, wie man oft meint, dem von Luft und Licht[8].

Ein Einzelton offenbart das Wesen des Klangäthers nicht völlig. Er ist in seiner ganzen Wesensart besser im chemischen Wirken zu erkennen. Wenn man eine Salzlösung hat, so ist das Salz gleichmäßig im ganzen Medium verteilt, gleichmäßig in es eingefügt. Gleichmäßig einfügen heißt auf griechisch: harmonisieren. Harmonisieren ist die Urnatur des Klangäthers. Die Alten erlebten sie in der Sphärenharmonie. Harmonisieren, ein Gefüge bilden, Ordnen setzt Getrenntes voraus, das in maßvolle Beziehung gebracht wird. Das bewirkt der Klangäther, sichtbar z. B. in den Chladnischen Klangfiguren oder in der Anordnung (in den Ansätzen) der Blätter einer Pflanze.

[8] Es gibt einen einfachen Versuch, der einem eine empfindungsmäßige Erfahrung der saugend hebenden Wirkung der Äther geben kann. Er besteht in folgendem: Man hebe einen Arm seitwärts waagerecht hoch. Das geschieht ohne Schwierigkeit. Nun stelle man sich dicht neben einen Türpfosten, einen Schrank oder einen ähnlichen Widerstand und versuche den Arm zu heben. Das geht nicht wegen des unverrückbaren Gegenstandes. Man versuche nun, etwa eine halbe Minute lang, trotzdem den Arm zu heben, indem man mit aller Kraft mit der Außenseite des hängenden Armes und dem Handrücken gegen den Widerstand drückt und den Arm heben will. Dann hole man seinen Willen aus dem Arm zurück, d. h. lasse ihn schlaff hängen und trete einen Schritt vor. Dann erlebt man mit Überraschung, daß der schlaff hängende Arm sich wie von selber nach oben hebt, manchmal bis oder gar über die vorher angestrebte waagerechte Lage. Diese Armerhebung geschieht ohne Willenstätigkeit oder Kraftanstrengung; man hat die Empfindung, als ob der Arm gewichtlos würde und nach oben hinaufschwämme oder hinauf gesaugt würde. Was ist da geschehen? Der Vorgang ist durch geisteswissenschaftliche

Wiederum das Dargestellte zusammenfassend kann der Klang- oder chemische Äther charakterisiert werden als das Prinzip, das trennt, Abstände schafft, Knoten bildet, Leichtekraft im Gegensatz zur Schwere ist, das harmonisierend und ordnend wirkt. In dem Bereich von Wasser und Klang urständen Maß, Zahl und Gewicht.

Bei der Betrachtung des Paares *Erdelement* und *Lebensäther* wird sich das Denken in Gegensätzen besonders bewähren. Der Lebensäther ist der zunächst am schwersten faßbare Äther, weil er nicht auf einem speziellen Sinnesgebiet erscheint; er ist die eigentlich belebende Kraft, die nicht direkt im Anorganischen auffindbar ist.

Das Erdelement äußert sich als fester Aggregatzustand; das Feste ist starr. Lebensäther bewirkt das Gegenteil: innerliche Regsamkeit. Sie ist zu unterscheiden von Bewegung und auch vom Flüssigsein. Beim Fließen bewegt sich jede Komponente der Flüssigkeit innerhalb des Gesamt; beim Lebensäther regt sich jeder Bestandteil im Sinne des Ganzen. Mit der Starre hängt zusammen die Undurchdringlichkeit; ein fester Körper behauptet seinen Raum; es können nicht gleichzeitig zwei feste Körper denselben Raum einnehmen. Das Erdelement ist abweisend, nach außen sich behauptend. Lebensäther ist die Kraft des nach innen sich Durchdringens, im Innern sich Behauptens, das Innere integrierend, er weist nicht ab, sondern eignet sich an, was die Grund-

Menschenkunde erklärbar. Der Wille, den Arm zu heben, also ein seelischer Impuls, greift so in den Arm ein, daß er den Ätherleib des Armes ergreift, ihn zu der Bewegung impulsiert und dann die Bewegung des physischen Armes erfolgt. Bei dem Versuch, den Arm gegen den Widerstand zu heben, vermag der intensive Wille, gewissermaßen den Ätherarm vom physischen Arm zu lösen und ihn für kurze Zeit allein zu heben. Der Ätherarm holt dann, wenn der Wille aufhört und kein Widerstand mehr da ist, den physischen Arm zu sich heran, wobei eben das Erlebnis der leichtmachenden, saugenden Ätherkraft auftritt. Die Geisteswissenschaft zeigt, daß bei jedem Lebewesen, solange es lebt, der Leib von dieser Leichte-Kraft durchdrungen ist. Da der Ätherleib vor allem die Flüssigkeiten eines Organismus mit seinen Kräften durchdringt, sind alle Säfte des Leibes von dieser Leichtekraft durchdrungen und unterliegen nicht der Schwerkraft. Dadurch kreist z. B. das Blut fast schwerelos durch den Menschenleib. Das erklärt, warum es sich nicht wie eine bloße Flüssigkeit in den Beinen ansammelt. Das tritt erst ein, wenn der Mensch krank ist und seine Ätherkraft nicht mehr alle Flüssigkeit in ihm in der Leichtekraft halten kann. Dann bekommt er geschwollene Füße.

lage für die Assimilation ergibt. Das hängt mit einer weiteren Tatsache zusammen. Der feste Körper hat eine Oberfläche, die zwar mit der Stoffnatur zusammenhängt, aber in ihrer Gestaltung von äußeren Bedingungen bewirkt und zufällig ist. Der Lebensäther schafft eine Haut, die nicht vom Stoff und nicht von außen, sondern von inneren Bedingungen abhängt und Ausdruck des Innern ist.

Der feste Körper ist teilbar, ich kann eine Kreide in Stücke brechen, wobei die Teilstücke völlig unabhängig voneinander werden (anders als bei der Trennung des Klangäthers). Ich kann auch ein Bein brechen, aber da zeigt sich die gegenteilige Kraft des Lebensäthers: der Knochen vermag wieder zusammenzuheilen und ein Ganzes zu werden. Lebensäther heilt, macht heil, bringt ein Ganzes zustande, eine Heilheit, er ergänzt. Wenn ein Regenwurm entzweigeschnitten wird, ergänzt er jeden Teil wieder zu einem Ganzen; abgemähtes Gras wächst nach.

Erdelement und Lebensäther vereinzeln. Jeder Stein ist immer nur ein Stück, ein Teil, und besteht, weil er teilbar ist, nur aus Teilen, aus Einzelheiten. Der Lebensäther schafft auch Einzelnes, aber das Einzelne ist ein Ganzes, eine Ganzheit, ist alles in einem, all-ein, es ist seinem Wesen nach ein Individuum und hat nicht Teile, sondern Glieder. Das Ganze lebt in und durch seine Glieder. Lebensäther ist das Ganzheit schaffende Prinzip. Diese Ganzheit ist wie repräsentiert in der heilen Haut, die gewissermaßen der Ausgangsort der alldurchdringenden Kraft des Lebensäthers ist. Diese Kraft wirkt in jedem einzelnen Punkt, jeder Punkt regt sich und wirkt im Sinne des Ganzen; der Punkt ist nicht Teil, sondern Glied. Das wird wesentlich, wenn z. B. in der Krebskrankheit eine Zelle sich der Herrschaft der Ganzheit entzieht und sich selbständig macht.

Die Lage im Raum ist für den festen Körper gleichgültig, zufällig, von außen abhängig. Lebensäther dagegen bewirkt Haltung, aktive Raumgestaltung nach innen und außen. Er polarisiert und richtet z. B. schon die befruchtete Eizelle. Er gestaltet den Menschenleib für die aufrechte Haltung. – Die Form eines festen Körpers ist von äußeren Faktoren bedingt; der Marmor wird von außen behauen. Der Lebensäther differenziert die Ganzheit in den verschiedenen Raumesrichtungen;

dadurch bewirkt er Gestaltung von innen. Es ist ein Plastizieren der Form aus sich heraus, es ist die Ganzheit, die sich selber ihre Form gibt. Alle Gestalten und Formen der Lebewesen entstehen durch diese plastische Tätigkeit. Der Lebensäther schafft Leiber, das Erdelement Körper.

Zusammenfassend kann der Lebensäther charakterisiert werden: er belebt und individualisiert so, daß Ganzheiten entstehen, die sich in einer Haut abschließend und sich in sich durchdringend als Einheit wirken, sich selber gestaltend und gliedernd. Der Lebensäther leibt.

Eine weitere Möglichkeit zum Verständnis der Elemente und Äther bringt die geisteswissenschaftliche Erkenntnis von der *Entstehung des Raumes*. Der Physiker C. F. von Weizsäcker erklärt, daß der Raum einmal entstanden ist; die Geisteswissenschaft vermag anzugeben, wann das geschehen ist; der Raum ist auf der alten Sonne entstanden. Nun muß man sich mit zwei ungewohnten Vorstellungen vertraut machen; mit der Vorstellung der Evolution des Raumes und der Idee von den zwei Arten Raum, dem Punkt- und Ebenen-Raum. Die neuere synthetische Geometrie lehrt, daß der Raum durch die unendlich ferne Ebene zu einem Ganzen geschlossen ist. Nun kann der Raum betrachtet werden als ausgehend von der unendlich fernen Ebene oder vom Mittelpunkt. Im ersten Fall erhält man den Ebenen-Raum, im andern den Punkt-Raum. Diese beiden, rein geometrisch gedanklichen Vorstellungen werden bei der Raumentstehung auf der alten Sonne Realität. Durch die Entstehung von Luft und Licht kommen sie zur Erscheinung, und zwar durch das Licht vom Umkreis her der Ebenen-Raum, durch die Luft der Punkt-Raum. Diese Räume durchdringen sich gegenseitig, der Ursprung des einen ist das Ende des andern. Sie verhalten sich wie positiv und negativ zueinander, und man kann im Einklang mit der weiter oben gegebenen Benennung der Äther und Elemente den Ebenen-Raum als den negativen, den Punkt-Raum als positiven Raum bezeichnen. – Die andere ungewohnte Vorstellung ist die von der Evolution des Raumes. Auch der Raum macht eine Entwicklung durch, er ist nicht von Anfang an voll entfaltet da. Der voll entwickelte Raum hat drei Dimensionen. Rudolf Steiner legt dar, daß auf der alten Sonne der Raum nur eine Dimension hatte, auf dem alten Mond zwei und erst in unserer jetzigen Erdenstufe drei. Man kann die Angaben Rudolf Steiners in folgender Weise zusammenstellen:

Dimensionen	— 1 Licht + 1 Luft	— 2 Klang + 2 Wasser	— 3 Lebensäther + 3 Erdelement

Was heißt es nun, daß der Raum der alten Sonne nur *eindimensional* war? Das bedeutet, daß es damals nur eindimensionale Entitäten gab, durch deren Vorhandensein der Raum nur eindimensional in Erscheinung trat. Auf der alten Sonne entstanden Licht und Luft. Sie sind eindimensionale Entitäten. Was ist das Charakteristikum der Eindimensionalität? Die Linienhaftigkeit. Es wurde schon oben auf die strahlige, lineare Natur des Lichtes hingewiesen. Eine Bedingung der Eindimensionalität besteht darin, daß eine Entität, die ihr unterliegt, sich nicht selber berühren darf. Das Licht erfüllt diese Bedingung. Man nehme eine Lichtquelle: sie strahlt radial linear vom Zentrum zur Peripherie ohne jegliche Selbstberührung. Die Bedingung wird auch erfüllt durch die Parallelität und durch folgendes Verhalten (Zeich-

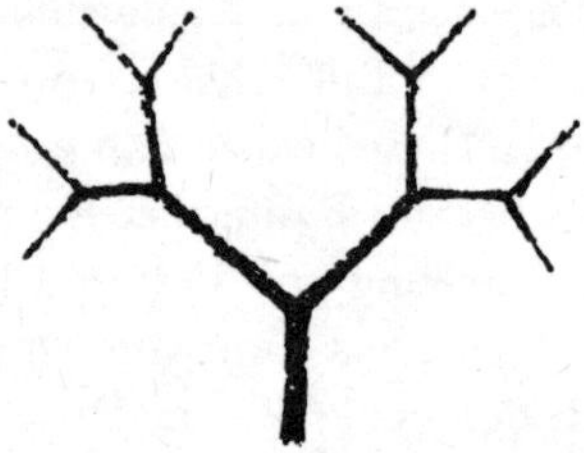

nung). Dieses Verhalten wird realisiert durch die Pflanze. Die Pflanzen sind ihrer räumlichen Wachstumsgesetzmäßigkeit nach eindimensionale Wesen, die sich nie berühren. Man betrachte einen Hahnenfuß oder einen Apfelbaum – man wird finden, daß sie sich nie selber berühren. Die Pflanzen halten diese Bedingung streng ein, sie sind ihrem Wesen nach eindimensional, zur Peripherie strebend und offenbaren damit das Wirken des Lichtäthers. Man stelle sich vor ein Getreidefeld: die Halme wachsen strahlig von der Erde weg zur Peripherie; man stehe vor einer Linde: sie wächst nicht geradlinig strahlig, sondern verzweigt sich, aber sie hält die Eindimensionalität ein und strebt ebenso von der Erde weg zur Peripherie. In ihrer Raumerscheinung, in ihrer Größe, ist sie ein Ergebnis des in ihr schaffenden Lichtäthers. In der Verzweigung der Krone tritt die Spaltbarkeit des Lichtes im Organischen in Erscheinung. – Die Eindimensionalität der Luft ist hinter dem Phänomen der Spannung zu suchen. Spannung ist eindimensional wirkender Bezug zweier Entitäten aufeinander. Im Organischen erscheint das Luftelement als Elastizität; kein Blattstengel oder Halm besteht ohne sie. – Licht und Luft sind konstitutive Prinzipien der Pflanze. Sie ist primär ein eindimensionales Wesen.

Im alten Mond erscheint der Raum *zweidimensional*, weil Wasser und Klangäther, die im Mondenzustand entstehen, zweidimensional sind. Ein zweidimensionales Gebilde ist die Fläche. Das Wasser ist seinem Wesen nach durch und durch Fläche. Es zeigt nach außen seine Oberfläche, aber auch innerlich ist es lauter Fläche, sein Fließen ist innerliches Gleiten von Flächen. Auch der Tropfen ist wesenhaft Fläche ohne einen konstituierenden Mittelpunkt. – Die Zweidimensionalität des Klangäthers ist in seinem Knotenpaar zu suchen. Die Knoten sind ja nicht beliebige Punkte, sondern konjugierte, koordinierte Orte, deren Raumgesetzmäßigkeit erscheint, wenn man folgenden Gedankengang macht: Eine Eigenschaft einer Wasserfläche ist ihre Spiegelungsfähigkeit. Irgendein Gegenstand vor dem Spiegel erscheint im gleichen Abstand als Bild hinter dem Spiegel. Die Spiegelfläche ist real. Nun nehme man den Gegensatz und lasse den Gegenstand und sein Spiegelbild real und die Spiegelfläche bildlich sein; das ergibt die Gesetzmäßigkeit der zwei Knoten, die gleichmäßig von der nicht realen Mittelebene entfernt, durch sie aufeinander hingeordnet sind. Das jetzt Geschilderte ist das Wesen der Symmetrie, der Spiegelbildlichkeit. Die Symmetrie ist eine Grunderscheinung des Organischen. Die paarige Anordnung, das Links und Rechts, ist Klangätherwirkung. Ein Pflanzenblatt offenbart in staunenswerter Weise das zweidimensionale Wirken von Wasser und Klang: seine Flächenhaftigkeit ist Wasser, die Symmetrie Klang; in den Blattadern strömt der Saft, in den getrennten Feldern eines netzblättrigen Blattes vollziehen sich die chemischen Vorgänge.

Die Zweidimensionalität kann auch auf eine andere Weise verwirklicht werden: durch die Selbstberührung, wenn ein Ganzes sich so verhält, daß es sich selber berührt; z. B. wenn eine Linie so verläuft, daß sie sich zum Kreise schließt oder sich kreuzt. Man sehe eine Biene auf einer Blüte, die sich mit ihren Beinen den Blütenstaub vom Rücken wischt; oder eine Katze, die sich wäscht und sich dabei stets mit Pfote und Zunge berührt. Das Tier berührt nicht nur sich selber, sondern auch die Nahrung beim Fressen, den Boden beim Gehen usw. – Nun muß man aber genau unterscheiden. Berührung ist ein Mittelzustand, der sich nach zwei Seiten weiterentwickeln kann. Die Berührung kann zu einer Verschmelzung führen, oder das sich Berührende kann sich wieder trennen. Das erste ist Wasserwirkung, das zweite Klangätherwirkung, wie sie schon geschildert wurden. Man betrachte die tierische Entwicklung zunächst vom Gesichtspunkt des Wasserelements. Wasser ist Flächenbildner. Die befruchtete Eizelle entwickelt sich zur Blastula, einem Flächengebilde. Dieses stülpt sich ein zur Gastrula. Ektoderm und Entoderm als Flächen falten sich in immer neuen Ein- und Ausstülpungen bei der Entstehung der Organe. Das Tier ist durch und durch voller Flächen. Nun beachte man folgenden Vorgang: Das Ektoderm stülpt sich ein und bildet die Neuralrinne; die Umschlagfalten kommen zur Berührung und wachsen zusammen, es entsteht das Rükkenmark. An manchen anderen Stellen berühren sich ebenso Körperteile und wachsen zusammen, in der vorderen Mittellinie z. B. der ganze Leib. Wenn das sich nicht richtig vollzieht, bleibt z. B. eine Hasenscharte. Zusammenwachsen ist Wasserelement. – Daß nun aber nicht alle Flächen, die sich im Organismus berühren (z. B. Lungenfell und Brustfell usw.), zusammenwachsen und einen einzigen großen Klumpen geben, das verhindert die trennende Kraft des Klangäthers. Er erhält die Organe und Teile des Organismus getrennt als einzelne. Die grundlegende Gestaltbildung des Tierleibes, die Bildung zweier symmetrischer Körperhälften, ist Klangäther-Wirkung. Rechts und links wiederum ist die Voraussetzung, daß das Tier sich äußerlich berühren kann. Bei dieser Berührung wirkt nun nicht die Verschmelzungskraft des Wassers, sondern die Trennkraft des Klangäthers. Die Pfoten wachsen nicht zusammen, die zwei, die sich berührt haben, trennen sich wieder. Es ist nur ein vorübergehender Haltepunkt entstanden, und die Berührung kann sich wiederholen, also sich mit Zahlenhaftigkeit durchdringen. Durch Berühren und Trennen wird die Bewegung des Tieres möglich. Die Spur eines Hasen im Schnee, die aus diskreten Punkten besteht, ist ein Abbild davon. Berühren und Trennen sind ebenso die Grundbedingung für die Entstehung der Töne, was bei jedem Musikinstrument anschaulich wird. Klang und Wasser sind konstitutiv für das Tier. Das Tier ist seiner Bildungsgesetzmäßigkeit nach ein zweidimensionales Wesen.

Erdelement und Lebensäther wirken vollräumlich, sind *dreidimensional.* Beim Stein bewirkt die positive Dreidimensonalität seine Starre. Die Dimensionen haben sich wie in die Starre verborgen, sind gleichwertig und indifferent; sie können nur von außen willkürlich oder zufällig bestimmt und gedanklich als x-, y-, z-Achse durch jeden beliebigen Punkt des Steines gelegt werden. Die Punkte des Steines sind untereinander gleichwertig, jeder kann ohne Störung der andern weggebrochen, jeder kann Mittelpunkt werden. Wenn ich den Stein in Stücke breche, wird in jedem Stück ein neuer Punkt Mittelpunkt, ohne Wirkung für den Punkt. – Im Organischen wird der Mittelpunkt real, z. B. als Kern in der Zelle. Der Zellkern ist als Repräsentant des Erdelementes ein wirkliches Zentrum. Das ist der Unterschied der Zelle vom Tropfen, der kein reales Zentrum hat. Wenn der Kern sich teilt, bleibt er nicht Stück, sondern es bildet sich durch die Kraft des Lebensäthers eine neue Ganzheit. Diese Wirkung geht von der Peripherie, von der Zellhaut aus. – In der Zelle und im Lebewesen sind die Dimensionen ungleichwertig, der Lebensäther differenziert sie und orientiert die Zelle und das Lebewesen in die Umwelt. Es entstehen die Richtungen oben-unten, rechts-links, vorn-hinten. Zur vollen Auswirkung kommt dies erst beim Menschen. Er ist ein real dreidimensionales Wesen. Er ist dreifach zentriert, hat drei Zentren: im

Haupt, im Brustraum und in der Hüftregion. Diese drei Zentren befinden sich nur in der wahrhaft menschlichen Anordnung, wenn der Mensch steht. Es wurde oben darauf hingewiesen, daß für das Erdelement die Lage charakteristisch ist, für den Lebensäther die aktive Raumbeziehung, die Haltung. Im aufrechtstehenden Menschenleib ist dies verwirklicht. Das kommt auch dadurch zum Ausdruck, daß der Mensch von da her den ganzen Raum bestimmt. Der aufrechte Menschenleib ist der Quell aller Raumorientierung. Was oben oder unten ist, nahe oder fern, vorne oder hinten, ist abgeleitet vom aufrechtstehenden Menschen. Wenn ich sage: Vor dem Hause steht ein Baum, so ist in dieser Formulierung das Erlebnis der aufrechten Menschengestalt verborgen. Alles ist anthropomorphisch, auf den Menschen bezogen. Nur wenn man vom Menschen (und auch von den andern Lebewesen) absieht, ist eine Relativität möglich. – Im Menschen kommt der Lebensäther vor allen anderen Naturdingen am offenbarsten zur Anschauung: in seiner Haut. Nur der Mensch hat im eigentlichen Sinne eine Haut; die andern haben Felle, Federn, Schuppen, Panzer. Die heile Menschenhaut umschließt plastisch beweglich die Gestalt von außen zur Einheit und ist zugleich Ausdruck des gesamten Inneren. Nur der Mensch hat ein Inkarnat. – Erdelement und Lebensäther sind konstitutiv für den Menschen. Er ist ein wahrhaft dreidimensionales Wesen. Das hat zur Folge, daß er nicht nur ein Individuum ist, sondern daß sein Leib zur Grundlage wird, in der der Mensch als Individualität leben kann.

Wiederum einen neuen Gesichtspunkt für die Erkenntnis der Elemente und Äther ergibt die Frage nach der *Materie*. In den «Einleitungen zu Goethes naturwissenschaftlichen Schriften» hat Rudolf Steiner dargestellt, daß «Materie das den Raum Erfüllende ist» und als solches ein Phänomen der Erscheinungswelt. Materie und Raum bedingen sich gegenseitig. In der Erdenevolution ist der Raum erstmals auf der alten Sonne in Erscheinung getreten. Erst von da an kann auch von Materie gesprochen werden. Das erste Materielle, das auftritt, sind Licht und Luft. In der Geisteswissenschaft wird darauf hingewiesen, daß alle Stofflichkeit verdichtetes Licht ist. Nun ist zu beachten, daß Licht und

Luft sich zueinander verhalten wie negativ und positiv. Daraus folgt, daß es positive und negative Materie geben muß. Auf diese Tatsache weist Rudolf Steiner mehrfach hin. Man wird sich erst Anschauungen über negative Materie erwerben müssen. Grundlegend dafür ist die Erkenntnis, daß die Äther sich zu den Elementen verhalten wie aktiv zu passiv. (Man vergleiche z. B. die obige Schilderung von Erdelement und Lebensäther.) Negative Materie ist also Materie in tätiger Form. Man gelangt damit zu den Vorstellungen von Prozeß und Stoff, die Rudolf Steiner vielfach dargelegt hat. Es sind danach zu unterscheiden, z. B. Kiesel und Kieselprozeß, Gold und Goldprozeß. Indem man alle Charakteristika der Elemente und Äther zusammennimmt und sie unter dem Gesichtspunkt der positiven und negativen Materie betrachtet, ergeben sich die Einsichten in das Problem von Stoff und Prozeß, das an sich einer ausführlichen Darstellung bedarf.

In den bisherigen Ausführungen ist das Paar *Feuerelement – Wärmeäther*, die doch am Anfang der Evolution stehen, übergangen worden. Es ist erst jetzt möglich, auf sie einzugehen, denn sie unterscheiden sich wesentlich von den drei dargestellten Paaren. Wärme ist nämlich unräumlich, nulldimensional. Der alte Saturn besteht nur aus Wärme – Feuer. Wärme ist nach den Darstellungen Rudolf Steiners «intensive Bewegung». Das Gegenteil ist extensive Bewegung, die Räumlichkeit voraussetzt, die erst von der alten Sonne an existiert. Wärme und Feuer sind im Saturn auch nicht geschieden, sie sind eine bewegliche Einheit; denn Scheidung setzt auch Raum voraus (im Schema sind sie zusammen dargestellt, und es ergibt sich aus der Tatsache ihrer Einheitlichkeit, daß in der Erde nicht acht, sondern sieben Seinsbereiche existieren, drei Elemente und drei Äther und dazwischen die Wärme).

In welcher Form existieren dann Wärme – Feuer? Als Zeit! Auf dem alten Saturn entsteht die Zeit, wie auf der Sonne der Raum. Die Wärme bringt die Zeit zur Erscheinung. Man kann versuchen, Wärme – Feuer doch etwas zu differenzieren. Das Charakteristische des Feuerelementes ist sein Verschwinden aus der Wahrnehmungswelt; alle andern Elemente dauern, Wärme vergeht. Wärmeäther führt in die

Erscheinungswelt herein, macht entstehen, bringt heran, er reift. Daß eine Pflanze in einem bestimmten Zeitpunkt zum Blühen kommt, daß ein Kind mit sieben Jahren die Zähne wechselt, mit vierzehn in die Pubertät kommt – das ist Wärmeäther-Wirksamkeit. Wärmeäther ist entstehende Zeit, Feuer vergehende; sie sind wie Zukunft und Vergangenheit, gegenwärtig sich durchdringend. Wärme zeitigt, zeitet. In der Wärme im Saturn gibt es keine Materie, weil Materie Räumlichkeit erfordert, und doch gab es im alten Saturn schon Kiesel und Gold. Stofflichkeit in Wärmeform ist im Unterschied zu Materie als Substanz zu bezeichnen.

Zur vollen Erkenntnis der Elemente und Äther braucht es noch einen Gesichtspunkt: die Frage nach ihrem *Ursprungsort*, nach ihrem Quell. Bei der Schilderung von Licht und Luft wurde schon auf eine charakteristische Tendenz der beiden hingewiesen. Die Luft strebt nach der Mitte, das Licht zur Peripherie. Nun hat Rudolf Steiner dargestellt, wie alle Elemente diese Mittelpunktstendenz, alle Äther die Tendenz zum Umkreis haben. Die einen sind wirkend wie aus einem Zentrum, die andern wie aus der Peripherie. In der realen Welt ist der Erdmittelpunkt das Zentrum der Elemente; der Weltenumkreis, die Himmelssphäre ist der peripherische Ursprung der Äther. Rudolf Steiner nennt die einen Zentralkräfte, die andern Universalkräfte. Die Zentralkräfte können mathematisch erfaßt werden, sie können auf einen Ausgangspunkt zurückgeführt werden. Die Universalkräfte entziehen sich der Mathematik, weil kein Rechnungsansatz im Unendlichen möglich ist. Die Zentralkräfte sind der heutigen Wissenschaft vertraut und werden in der Technik benützt; die Universalkräfte sind ihr unbekannt, deshalb kann sie auch nicht das Leben verstehen. Die Entdeckung und Darstellung der Universalkräfte ist eine der wichtigsten Erkenntnisse Rudolf Steiners, die für die Zukunft von größter Bedeutung ist. – Die Elemente repräsentieren das Physische, die Äther das Ätherische; das Physische ist leblos, das Ätherische ist das eigentlich Lebendige. In einem lebenden Organismus findet ein Zusammenwirken aller Elemente und Äther statt. Als einzelne wirken Elemente und Äther anorganisch, physikalisch. Bei einem Lebewesen konstituieren die Elemente den physischen Leib, die Äther den Ätherleib. Im Weltall konstituieren sie den Leib der Erde und den Weltenleib, beide als lebendige Organismen. Irdisches Leben besteht durch das gegenseitige Sich-Durchdringen von Ätherleib und physischem Leib. Es hört auf, wenn sie sich trennen. Dann zerfällt der physische Leib und wird ein Bestandteil der Gesamterde. Ebenso löst sich der Ätherleib auf und wird aufgenommen in die Peripherie des Alls.

Die Allnatur der Äther hat eine wichtige Folge. Wenn Äther Erdenstoffe ergreifen, heben sie sie aus dem Wirkensbereich der Zentralkräfte heraus in den Bereich des kosmischen Umkreises. Das aber ist für die Erdenstoffe ein Auflösungsprozeß. Rudolf Steiner charakterisiert diesen Tatbestand so: «Von allen Seiten wirken sie heran, diese Kräfte, wie nach dem Mittelpunkt der Erde hinstrebend. Sie müßten das Stoffliche des Erdenbereichs völlig gestaltlos auflösen, zerreißen, wenn sich nicht in diesen Kräfteraum die Wirkungen der außerirdischen Himmelskörper mischten, die die Auflösung modifizieren.» Diese Schilderung erscheint zunächst unkontrollierbar, aber Rudolf Steiner weist gleich darauf hin, wo man diese Zusammenhänge beobachten kann. «An der Pflanze kann man beobachten, was in Betracht kommt. Die Stoffe der Erde werden in den Pflanzen aus dem Bereich der Erdenwirkungen herausgehoben. Sie streben in das Formlose. Diesen Übergang in das Formlose modifizieren die Sonnenwirkungen und ähnliches aus dem Weltenraum.» («Grundlegendes zur Erweiterung der Heilkunst nach geisteswissenschaftlichen Erkenntnissen» S. 20.) Man beobachte als Beispiel das Keimen einer Kartoffel im Keller: Immer länger wachsen die Keimsprossen aus den «Augen» aus, sie zerstrahlen sichtbarlich die Materie der Kartoffel, bis sie ins Licht kommen, wo die Sonnenkraft genügend wirkt, das Ausschoßen staut und die Blätter zum Vorschein kommen läßt, so daß eine richtige Kartoffelstaude entstehen kann. Im Grunde ist jede Pflanzenkeimung zuerst ein Zersprengen und Gestaltauslöschen. Man schaue sich an, wie eine Bohne keimt, die Samenhaut sprengt, ins Formlose geht und dann neu von Formkräften gebildet wird.

Es sind die Äther als Universalkräfte formauflösende, nicht bildende

Kräfte. Sie sind keine Bildekräfte. In der zitierten Stelle gibt Rudolf Steiner an, was als ätherische Bildekräfte bezeichnet werden kann und wo sie herstammen. Es sind auch peripherische Kräfte, aber nicht vom ganzen Umkreis, nicht universale, sondern von bestimmten Orten der Peripherie, von der Sonne, den Sternen. Es sind geortete peripherische Kräfte. Ihre Art und Äußerung soll in einer künftigen Arbeit dargestellt werden.

Die vorliegende Darstellung ist nur eine Skizze der vier Äther, die noch nach vielen Richtungen auszuführen ist. Wer anfängt, sich eine zutreffende Vorstellung von den Äthern zu machen, der gewinnt nicht nur etwas für sein Wissen, sondern bekommt einen Schlüssel, der ihm viele neue Einsichten und Zusammenhänge in der Natur und im Menschen aufschließt. Man trete mit diesen Vorstellungen hinaus in die Natur, z. B. vor eine Linde. Ihre Größe und Raumhaftigkeit sind Wirkung und Erscheinung des Lichtäthers. Die kunstvolle Verzweigung und Ordnung der Krone ist Offenbarung des Klangäthers. Daß die unzähligen Blätter, die Äste und Wurzeln ein Ganzes bilden, dem liegt der Lebensäther zugrunde. Und daß der Baum 70 Jahre alt ist und gerade blüht, offenbart das Schaffen des Wärmeäthers. In gleicher Weise kann man ein Tier oder den Menschen betrachten, ja, die ganze Natur kann auf neue Art angeschaut und erkannt werden, wenn die Äther einen lehren, was in der Sinnenwelt zeitet, raumt, trennend fügt, eint.

III

Das Zusammenwirken der vier Äther

In der antiken Welt- und Menschenerkenntnis wurden die Elemente in ihrer natürlichen Ordnung von unten nach oben, vom Erdelement zum Feuer, dargestellt, also in einer offenen Reihe. Es gab aber auch eine zyklische Darstellung im Kreis oder Quadrat, die viele Fragen aufwirft. Da stehen sich je zwei Elemente diagonal gegenüber, alle vier bilden die Ecken eines liegenden Vierecks. Dabei wird das Feuer

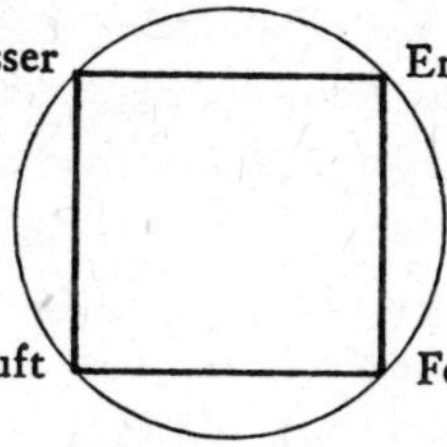

der unteren rechten, die Luft der unteren linken Ecke zugeordnet; Wasser und Erde sind links und rechts oben. Warum liegt jetzt das Feuer unten, die Erde oben? Ob man im Uhrzeigersinn oder entgegengesetzt liest, besteht zwischen Erde und Feuer ein merkwürdiger Sprung. Gibt es einen Grund für diese Anordnung? Der moderne Mensch würde nicht ohne weiteres auf diese Anordnung kommen. Ihm sind ja die vier Elemente entweder unbekannt oder bestenfalls ein historisches Begriffsproblem. Der Mensch der alten Zeiten aber hat die vier Elemente nicht nur kopfmäßig gekannt, er hat sie verspürt und erlebt. Rudolf Steiner hat einmal eine Schilderung davon gegeben, wie Aristoteles den Alexander über die Elemente belehrt. Aristoteles hat in seinen Werken ausführlich die vier Elemente dargestellt und ihre Bedeutung in Welt und Mensch abgehandelt. «Alexander lernte durch Aristoteles gut kennen, wie dasjenige, was draußen in der Welt lebt als das irdische, das wäßrige, das luftige, das feurige Element, auch im Menschen drinnen lebt; wie der Mensch in dieser Beziehung ein wirklicher Mikrokosmos ist; wie in ihm, in seinen Knochen das irdische Element lebt, wie in seiner Blutzirkulation und in all dem, was Säfte in ihm sind, Lebenssäfte, das wäßrige Element lebt; wie in ihm das luftige Element in der Atmung und Atmungserregung wirkt, in der Sprache wirkt und das feurige Element in den Gedanken lebt. Alexander wußte sich noch in den Elementen der Welt lebend[9].»

Heute ist dieses Erleben verschwunden. Der moderne Mensch fühlt sich völlig abgesondert von der Welt, er fühlt nicht mehr die Quali-

[9] Rudolf Steiner, Die Weltgeschichte in anthroposophischer Beleuchtung und als Grundlage der Erkenntnis des Menschengeistes. Vortrag vom 27. Dez. 1923. GA 233, Dornach 1962.

täten seines Erdgebietes. Er spürt noch, wenn er nach dem Norden reist, daß es kälter wird; wenn er nach dem Süden fährt, wird es wärmer. In alten Zeiten hat man etwas Ähnliches in seinem Leib erlebt, wenn man westwärts ging oder dem Osten zu. Wenn man nach dem Osten ging, wurde es einem trocken, nach dem Westen zu spürte man eine Zunahme des Feuchten. So hatte man in den vier Himmelsrichtungen differenzierte Wahrnehmungen. Diese sind nicht die Elemente, hängen aber mit ihnen gesetzmäßig zusammen. Das zeigt sich, wenn auch die Elemente erlebt werden. Diese Erlebnisse sind nicht wie bei feucht und kalt sinnlich leibliche Erfahrungen, sondern innere, seelische Erlebnisse. Die Menschen alter Zeiten fühlten, daß aus Nordwesten, aus der Region zwischen kalt und feucht, Kräfte herankamen, die sie innerlich als Wesen wahrnahmen, als die Wesen des Wasserelements. Die Fähigkeit zu derartigen Erfahrungen war in der Griechenzeit am Erlöschen. Durch den Unterricht des Aristoteles hat Alexander die Elemente noch in dieser Weise erlebt. Rudolf Steiner schildert es im gleichen Zusammenhang: «So war es, daß der Schüler des Aristoteles nach Nordwesten zeigte und sagte: Da empfinde ich herwirkend auf der Erde die Wassergeister. Daß er nach Südwesten zeigte und sagte: Da her empfinde ich die Luftgeister. Daß er nach Nordosten zeigte, und da die Geister der Erde vorzugsweise heranschweben sah. Daß er nach Südosten zeigte, gegen Indien zu, und die Geister des Feuers heranschweben oder in ihrem Elemente sah.»

Diese Elementenerfahrung wurde mit der andern von den vier Himmelsrichtungen zusammengebracht, und so entstand das Schema der zwei Kreuze, die im halben rechten Winkel zueinander stehen. Diese Anordnung entstammt also nicht einer Spekulation, sondern der Erfahrung. Sie gibt Tatsachen der Natur und ihren gesetzmäßigen Zusammenhang wieder, wenn der Mensch die Welt innerhalb des Horizonts betrachtet und erforscht. Als diese Gesetzmäßigkeit gefunden war, konnte sie auch ohne den Bezug auf die Himmelsrichtungen angewandt werden, und sie hat im antiken und mittelalterlichen Erkenntnisleben ihre umfassende Fruchtbarkeit erwiesen.

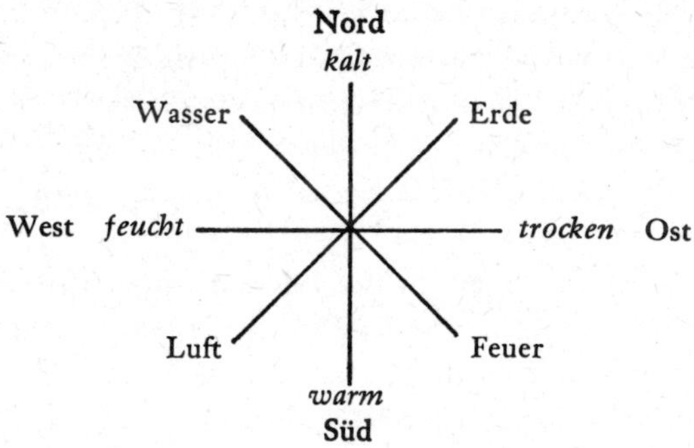

Die lebendigen Erfahrungen sind schon sehr bald nach der Alexanderzeit verschwunden, aber das Schema des doppelten Kreuzes blieb und war während des ganzen Mittelalters bis in die Neuzeit die Grundlage der Menschen- und Naturerkenntnis, besonders in der Heilkunst. Man sprach nicht mehr von Wasser- oder Elementenwesen, sondern von Qualitäten, und man nannte die vier Elemente die primären, warm, kalt usw. die sekundären Qualitäten. Im Mittelalter erweiterte man diese Lehre, indem man bei den sekundären Qualitäten Grade unterschied und z. B. sagte: Die Rose ist kalt im ersten Grad und trocken im zweiten[10]. Nach diesen Gesichtspunkten untersuchte und verwendete man die Heilmittel. An der Übertreibung dieser Gradeinteilung und weil ganz andere, neue Erkenntnisrichtungen auftraten, verschwand allmählich die Vier-Elementen- und Qualitätenlehre aus der Wissenschaft. Aus der Natur und dem Menschen sind die zugrunde liegenden Tatsachen nicht verschwunden, sie müssen bloß auf neue Weise begriffen werden. Sie in seinem Leib abspürend erleben und als Geisteswesen wahrnehmen, kann der moderne Mensch nicht mehr. Ihm stehen zur Verfügung Wahrnehmung und Denken. Da zeigt sich: die vier Elemente, die primären Qualitäten sind Ideen, die sekundären sind Wahrnehmungen.

Die Elemente sind nicht sinnlich wahrnehmbar; sie erscheinen in

[10] Siehe den Aufsatz von Dr. Willem F. Daems «Die Rose ist kalt im ersten Grade, trocken im zweiten» in «Beiträge zu einer Erweiterung der Heilkunst nach geisteswissenschaftlichen Erkenntnissen», Heft 6/1972.

unserer Sinnenwelt durch die vier sekundären Qualitäten, und zwar so, daß jede der vier sekundären Qualitäten die Erscheinung des Zusammenwirkens der beiden sie begrenzenden Elemente ist. Im Feuchten erscheint in der sinnlich sichtbaren Welt das Zusammenwirken des Wasser- und Luftelements. Die andern Zuordnungen ergeben sich aus dem Schema.

Da die vier Elemente jeweils mit einem der vier Äther ein zusammengehöriges Paar bilden, wie das oben dargestellt wurde, ergibt sich die Frage: Können die vier Äther in einer ähnlichen Weise zyklisch, d. i. in Kreuzform zusammengestellt werden?

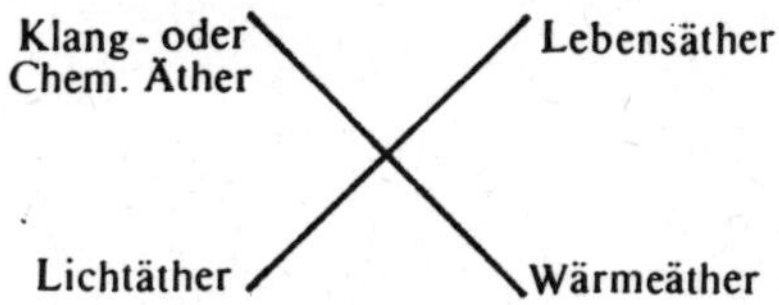

Die Äther sind wie die Elemente Ideen. In welchen Phänomenen erscheint ihr Zusammenwirken als sinnenfällige Wahrnehmung? Da die Griechen nur einen undifferenzierten Äther kannten, konnten sie diese Frage nicht stellen und beantworten. Wir müssen die Antwort auf Gedankenwegen suchen und die Phänomene im organischen Bereich finden.

Welche Sinneswahrnehmung erscheint aus dem Zusammenwirken von *Wärmeäther* und *Lichtäther?* Lichtäther ist die ausdehnende, raumschaffende Kraft, Wärmeäther die reifende, herankommende Zeit (die mit dem Feuer und der vergehenden Wärme zusammenwirkt). Theoretisch kann man das Zusammenwirken dieser Äther charakterisieren als Raum-werdung in einer Zeitspanne. Man nehme als Beispiel ein (Sommer-)Weizenkorn, das in der Erde keimt: Es sprießt, streckt sich während vier Wochen und ist dann vielleicht eine Spanne hoch. In weiteren sechs Wochen dehnt es sich weiter und hat die volle Höhe erreicht. Was ist durch das Zusammenwirken der beiden Äther sichtbar geworden? Der Wuchs des Weizens, die Länge oder Größe der Pflanze.

Was erscheint durch das Zusammenwirken von *Lichtäther* und *Klang-* oder *chemischem Äther?* Der Lichtäther raumt; der Klangäther trennt und ordnet wie bei einer Chladnischen Klangfigur. Die wachsende Pflanze bleibt nicht nur eine einfache Linie, ein bloßer Stengel; sie treibt Blätter, Zweige, Blüten, Früchte. Man stelle sich einen Hahnenfuß oder eine Tomatenpflanze vor. Ein reich gegliedertes Raumgebilde ist entstanden. Licht- und Klang-, chemischer Äther lassen die Raum-gliederung erscheinen. Es entstehen *Glieder*. Glieder sind Trennungen und Anordnungen einer Raumeinheit. Man kann auch in der Musik von Gliederungen sprechen, die mehr zeitlichen Charakter haben, die aber doch, wenn sie erklingen, auch Raumgliederungen sind.

Was erscheint durch *Klang- oder chemischen Äther* und *Lebensäther?* Lebensäther ist die Ganzheit-schaffende, in einer Haut sich begrenzende, belebende Kraft, die durch den Klangäther innerlich unterteilt und geordnet wird. Was entsteht, sind *Organe*, Teilganzheiten, Leber, Lunge, Niere usw. Sie sind auch je von einer Haut begrenzt, in der sich ein jeweils abgetrennter Chemismus, ein spezielles Leben vollzieht.

Welches Phänomen ergibt das Zusammenwirken von *Lebensäther* und *Wärmeäther?* Es ist die Ganzheit in der Zeit: das *Lebensalter*. Bei einem siebzigjährigen Menschen ist die Ganzheit während siebzig Jahren vom Wärmeäther in der Zeit gehalten worden, ist während siebzig Jahren ständig in ihm Wärme entstanden und vergangen.

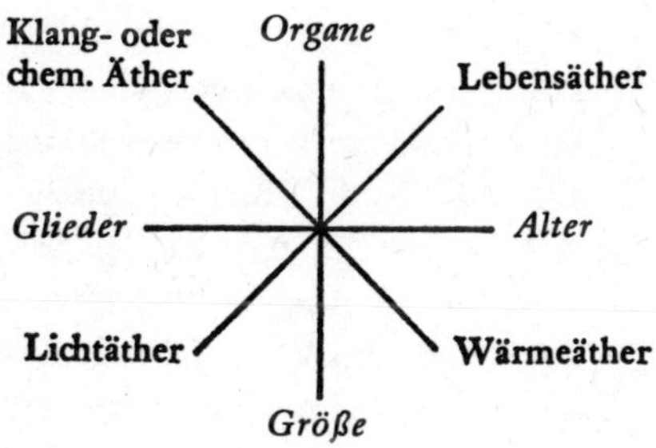

Man kann auch fragen: Was entsteht und erscheint durch das Zusammenwirken der einander gegenüberliegenden Äther? *Wärmeäther* und *Klang-*, *chemischer Äther:* reifender Chemismus, wenn z. B. die grüne Kirsche sich in die süße reife Frucht wandelt. Oder wenn die Geschlechtszellen, die schon bei der Geburt des Menschen vorhanden sind, in der Pubertätszeit anfangen, sich zu teilen, und die Sexualhormone aktiv werden. Man kann diese chemischen Vorgänge, die durch das Zusammenwirken von Wärme- und chemischem Äther entstehen, *Prozesse* nennen.

Zwischen *Lichtäther* und *Lebensäther* erscheint die wachsende, sich metamorphosierende Ganzheit. Es sind die Formveränderungen gemeint, die ein neugeborener Mensch durchmacht bis zu seiner ausgewachsenen Größe; oder die plastischen Umformungen eines Froscheies bis zum fertigen Frosch. Man kann das Gestaltbildung oder *Gestaltung* nennen.

Diese Überlegungen über das Zusammenwirken der Ätherpaare führen zu der Einsicht, daß in der Wirklichkeit nicht nur je zwei Äther zusammenwirken, sondern immer alle vier, und zwar in allen möglichen Kombinationen. In der Entwicklung des Froscheies zum fertigen Frosch wird das recht anschaulich: Gestaltbildung geht einher mit chemischen Prozessen, Größerwerden mit Gliederung und Organbildung und alles im Lebenslauf.

Man findet damit die *Grundlage des Lebens.* Wir haben die Wirkungen der Äther charakterisiert in den Lebenserscheinungen bei Pflanze, Tier und Mensch. Die Äther sind die eigentlichen Lebenskräfte in ihrem vierfachen Zusammenwirken.

Dieses Ergebnis unserer Ätherbetrachtung entspricht den Forschungen und Darstellungen der anthroposophischen Geisteswissenschaft. Allen irdischen Lebewesen liegt das vierfältige Zusammenwirken der Äther zugrunde. Rudolf Steiner spricht vom Ätherleib, der aus diesen vier Äthern besteht und der das Lebensprinzip aller Lebewesen ist. Was hier bis jetzt dargestellt worden ist, ist aber noch nicht der Ätherleib. Es sind in dem Vorangehenden bloß die in einem Ätherleib *generell* wirkenden Lebenskräfte charakterisiert worden.

Die vier Äther vermögen wohl Größe, Glieder, Organe, Gestaltung, Prozesse usw. hervorzubringen, aber nur im allgemeinen. Sie wirken gleicherweise im Weizen, im Frosch wie im Menschen. Damit ein Blatt, eine Blüte, eine Hand oder Lunge entsteht, müssen zu den vier Äthern weitere Kräfte hinzukommen. Es sind dies die Bildekräfte, die übergeordnete Kräfte sind, die die Äther so lenken, daß sie ein Blatt oder eine Frucht, eine Pflanze oder ein Tier hervorbringen. Damit eine bestimmte Art entsteht, ein Schneeglöckchen oder eine Rose, eine Forelle oder eine Schwalbe, muß noch die Art-bildende Kraft sich damit verbinden. Dann erst ist die Lebensbildekraft beisammen, die für den übersinnlich Wahrnehmenden als Ätherleib oder Lebensleib erscheint, der prägnant als Bildekräfteleib bezeichnet werden kann.

Die Bildekräfte können erforscht werden, wie im ersten Aufsatz angedeutet worden ist. Vorher aber muß noch ein anderer Bereich der Welt dargestellt werden, denn Elemente und Äther allein ergeben noch nicht die volle sinnenfällige Wirklichkeit. Dazu gehören noch die Kräfte der Elektrizität, des Magnetismus u. ä., die ihrer Natur nach Gegensätze zu den Äthern sind. Sie sind nicht peripherische Kräfte, die mit dem Umkreis zusammenhängen, sondern zentrische Kräfte, die in der Naturwirklichkeit aus der Erde, wie aus ihrem Mittelpunkt heraus, von «unten» wirken, wie die Äther von «oben», vom Weltenumfang her wirken. Rudolf Steiner hat sie Zentral- oder U-Kräfte genannt. Erst Elemente, Äther und U-Kräfte zusammen ergeben die Grundlage der Welt und das Material für das Wirken der Bildekräfte.

STUDIEN UND VERSUCHE

Eine anthroposophische Schriftenreihe

1 Wege und Irrwege in die geistige Welt
Von FRIEDRICH HUSEMANN, 39 Seiten

2 Meditation als Erkenntnisweg / Bewußtseinserweiterung mit der Droge
Von WALTHER BÜHLER, 56 Seiten

3 Die Schicksale Sigmund Freuds und Josef Breuers
Von KARL KÖNIG, 56 Seiten

4 Die Pflanze als Lichtsinnesorgan der Erde
Von GERBERT GROHMANN, 60 Seiten

5 Der rosenkreuzerische Impuls im Leben und Werk von Joachim Jungius und Thomas Traherne
Von ERNST LEHRS, 68 Seiten

6 Von dem ätherischen Raume
Von GEORGE ADAMS, 64 Seiten, 6 Bildtafeln

7 Naturwissenschaft an der Schwelle
Von HANS BÖRNSEN, 48 Seiten

8 Shakespeares «Kaufmann von Venedig»
Von W. F. VELTMAN, 32 Seiten

9 Idee und Denken
Beiträge zum Verständnis der Philosophie des deutschen Idealismus mit besonderer Berücksichtigung von Kant, Fichte und Hegel.
Von BERTHOLD WULF, 51 Seiten

10 Der Isenheimer Altar / Die heilenden Kräfte in Raffaels Werk / Rembrandt
Drei Vorträge von FRIEDRICH HUSEMANN, 40 Seiten, 3 Abb.

11 Individualismus und offenbare Religion
Rudolf Steiners Zugang zum Christentum.
Von CHRISTOPH LINDENBERG, 63 Seiten

12 Symbol und Metamorphose in Goethes «Stella»
Von ANDREAS AMWALD, 40 Seiten

VERLAG FREIES GEISTESLEBEN